小学校国語科授業アシスト

書くことが大好きになる！
「選択」と「対話」のある
作文指導

原田義則 編著
鹿児島国語教育研究会 原国会 著

明治図書

はじめに

　本書で度々登場する，「わくわく作文塾」とは，13年前に鹿児島県日置市でスタートしたものです。そのノウハウを活かして，2018年8月9日・10日に，鹿児島市内の2小学校において，「わくわく作文塾in○○小学校」を開催しました。児童合計127名，保護者60名，講師32名（当該学校教員＋原国会会員）の合計219名が参加しました。

　「わくわく作文塾」の目的は，夏休みの宿題として課された「作文のお手伝い」ではなく，子供たちに「書くことを好きになってほしい」というものです。したがって，教員や保護者への事前の説明会では，「まず，花丸を付けられるところから見つけてほしい」と伝えました。作文だけでなく，音楽や体育などの「表現」では，まず，褒めること，共感することが鉄則だと思います。すなわち，子供たちを「書き手として育てる」ことをまず確認しました。

　その上で，本書に掲載したワークシートを使用して，「書き方を教える」ことを展開していきました。その成果について，当日実施後のアンケート（無記名）から拾ってみます。

　　a：わくわく作文塾に参加する前　→　b：わくわく作文塾に参加した後
　○子供
　　　　a：最初は，わくわく作文じゅくに行きたくなくて，いやでした。
　→　b：説明が分かりやすくて，どんどん作文が書けました。どんどん楽しくなりました。早く家に帰って，続きが書きたいです。
　○教師（教職15年目）
　　　　a：作文指導に，いろいろ迷いがあった。どこまで関わるのか……どうしても私が考えた作文になってしまう。
　→　b：わくわく作文塾に参加して，これまでの悩みが解決した。2学期からの作文指導が楽しみになりました。
　○保護者
　　　　a：毎年，親子でイライラしながら書いていた。子供も作文は嫌いでした。
　→　b：先生と会話することで，あっという間に構成表が付箋でいっぱいになったので，驚きました。私も楽しくなり，我が子も作文を書くことを楽しんでいました。

当日の様子は，2018年8月12日付の地元の新聞にも掲載され，大きな反響がありました。本誌には，この「わくわく作文塾」で使用した，独自のワークシートや実践例を載せています。作文で悩んでいる子供たちや教師，保護者の皆様の参考にしていただければ幸いです。

　今回の発刊に当たりましては，鹿児島県日置市教育委員会のご協力をいただきました。記して心より感謝いたします。

　作文指導は，一朝一夕にできるものではありません。本書も至らぬ点が多いと思います。読者の皆様のご教示をお願いいたします。また，本書が子供たちの「書くことの意欲向上」に，少しでも役立ちますことを心より祈っております。

原田　義則

本書の構成

本書全体の概要は，以下の通りです。

章	各章の概要
第1章　理論編	・生活文指導上のポイントについて，鹿児島県の過去の実践等を踏まえながら，説明します。
第2章　実践編	・生活文の指導をいつ，どこでやればよいのか，カリキュラムの工夫について説明します。 ・第2節では，ワークシートを使ってどのように指導すればよいのか，教室での実践を交えて説明します。 　1　使用するワークシートの紹介 　2　授業の進め方 　3　授業の実際 　　・教師―児童の応答形式による授業紹介 　　・写真による授業紹介
第3章　資料編	・生活文指導のプロセスに沿って，合計30枚のワークシートを紹介します。

　第1章「理論編」は，鹿児島県の生活文指導史を踏まえながら，「選択」と「対話」の重要性について述べています。もちろん，他県の方が読まれても，「私の県や学校の状況と似ている」と首肯していただくことが数多くあると思われます。

　第3章「資料編」は，井上敏夫・倉澤栄吉・滑川道夫編『新作文指導事典』（第一法規出版，1982）や，大村はま『大村はま　国語教室』（筑摩書房，1983）を参考にして，小学生用に作成したものもあります。先達の学恩に感謝申し上げたいと思います。

第2章の実践編は，次のような構成になっています。

| ① 着想 → ② 構想 → ③ 構成 → ④ 記述 → ⑤ 推敲 | ・生活文の指導過程を示しています。 |

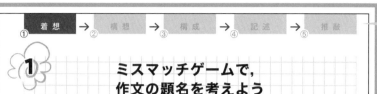

1
ミスマッチゲームで，
作文の題名を考えよう
―「主題」が決まらない子供のために―

【対象】全学年　【準備物】冊冊の本
【必要時間】25分（低学年対象の場合）～15分（高学年対象の場合）

❶ 使用するワークシート（資料編 P.113）

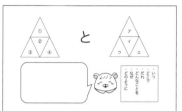

【ワークシートの特徴】
・書くことが決まらない場合は，このワークシートを使います。
・作文の題名を「○○と△△」と設定させ，架空の作文を口頭で発表するゲームです。
・子供はゲームを通して，作文への抵抗感を薄めたり，題材や主題の選択の方法を習得したりすることができます。

・ワークシートの対象は，基本的に全学年です。
・本書では，実践した学年や，要した時間を示しています。

・ワークシートの実物や，特徴について紹介しています。

❷ 授業の進め方（低学年の場合）

過程	進　め　方	「選択」と「対話」	時間
(1)教師による説明	①ワークシートを使った一斉指導 ・教師が設定したテーマに沿って思い付いた言葉を，三角形のア～エ，1～4の中に記入させる。 ・その後，左右の三角形から言葉を一つずつ選び，「○○と△△」という題名を決定させる。 （例）テーマ：果物と好きな人物 　　　題　名：いちごと魔法使い	【自分で選択】 左右の三角形の中から選択した言葉を「と」で結び付けさせ，「○○と△△」という題を考えさせる。	5分
(2)児童の言語活動	②ワークシートを使った交流活動 ・作成した「○○と△△」を意識させながら，架空の作文を口頭で友達と紹介し合う。	【友達と対話】 「○○と△△」という題名に沿って，架空の作文を口頭で紹介し感想を述べ合う。	15分
(3)教師と一緒に振り返り	③ワークシートを使った振り返り ・作文の題名と主題（言いたいこと・作文全体のキーワード）との関係について，教師と一緒にまとめていく。	【自分と対話】 題名と主題の関係，キーワードの結び付け方などについてまとめ，自分の作文に活かしていけることを確認する。	5分

・ワークシートの使い方を「授業の進め方」として，そのポイントを紹介しています。

❸ 授業の実際

(1)教師による説明（5分）

説明のポイント

ア　書籍の題名には，「○○と△△」というものが多い点に着目させる。
イ　『ライオンと魔女』のように，二つの言葉を組み合わせることで，新しい物語が生まれることを，物語の内容も踏まえて説明する。
ウ　左右の三角形のテーマは，教育的に配慮したテーマにする。
エ　左右の三角形から一つずつ言葉を**選択**させ，「○○と△△」という題名を決定させる際に，面白い組み合わせになるように考えさせる。（自分で選択）
オ　物語を考え付いた子供は，自然に鉛筆を持って書き出すことが多い。教師は，集中して書

※　以下，「(2)児童の言語活動」「(3)教師と一緒に振り返り」も同形式で記載

・どのような発問等を行えばよいのか，実際の授業における発話等を掲載しています。

もくじ

はじめに
本書の構成

第1章 理論編 育成を目指す資質・能力と「選択」と「対話」のある作文指導

❶ これからの時代に求められる「書くこと」の指導
―新学習指導要領で育成を目指す資質・能力を踏まえて―

1　「書くこと」の指導はどう変わったか……………………………………………………010
2　生活文は不要か………………………………………………………………………………011
　(1)生活文と「人間性の涵養」
　(2)生活文と「言語能力」
3　「選択」と「対話」がある学習活動………………………………………………………015
4　「書くこと」の指導とワークシートの使い方……………………………………………018

❷ 生活文指導のポイント
―「わくわく作文塾」を通して―

1　生活文指導をめぐる状況……………………………………………………………………019
2　教師主導の生活文指導………………………………………………………………………019
3　「わくわく作文塾」の設立…………………………………………………………………023
4　「わくわく作文塾」の概要…………………………………………………………………026
　(1)「わくわく作文塾」の状況
　(2)「わくわく作文塾」における指導の流れ
5　「わくわく作文塾」で展開された対話……………………………………………………030
　(1)展開された「対話」―定点カメラの記録より―
6　「わくわく作文塾」で明らかになった生活文指導のポイント…………………………031

第2章 実践編 5ステップでだれもが書ける！作文指導の授業づくり＆カリキュラムづくり

①着想

1 ミスマッチゲームで，作文の題名を考えよう ……………………………………036
　―「主題」が決まらない子供のために―

2 私のちょっとした秘密を紹介します ……………………………………………040
　―「題材」が思い付かない子供のために―

3 「私の大切なものを教えます」ワークシートでみんなに紹介しよう ……044
　―「題材」が思い付かない子供のために―

4 「あのね聞いて」ワークシートでみんなに紹介しよう …………………048
　―「題材」が思い付かない子供のために―

5 ○○さんへ，手紙を書こう ……………………………………………………052
　―「題材」が思い付かない子供のために―

6 思い出の写真から ………………………………………………………………056
　―「題材」が思い付かない子供のために―

7 友達のよさに目を向けて書こう ………………………………………………060
　―「題材」が思い付かない子供のために―

8 私の家の宝物を紹介しよう ……………………………………………………064
　―「題材」が思い付かない子供のために―

9 ○○さんと一緒にしたいことを書こう ………………………………………068
　―「題材」が思い付かない子供のために―

②構想

10 作文ダブルマップをつくろう …………………………………………………072
　―「内容」が膨らまない子供のために―

③構成
- ⑪ 付箋を使って作文の組み立て（構成）を考えよう ……………………… 076
  ―「構成」が整えられない子供のために―

④記述
- ⑫ 作文の書き出しを考えよう ……………………………………………… 080
  ―「書き出し」が決まらない子供のために―
- ⑬ 目指せ！書き出しマスター ……………………………………………… 084
  ―「書き出し」が決まらない子供のために―

⑤推敲
- ⑭ 友達に「私の作文の特徴」を伝えよう ………………………………… 088
  ―「推敲」の観点が分からない子供のために―
- ⑮ ぴったり？伝わる？当てはまる言葉は何だろう ……………………… 092
  ―「言葉」が見つけられない子供のために―
- ⑯ オノマトペを使おう ……………………………………………………… 096
  ―「言葉」が見つけられない子供のために―

生活文指導をどう計画するか―カリキュラム上の位置付け―
1　カリキュラム・マネジメントの視点から生活文指導を考える ………… 100
2　生活文指導の計画 …………………………………………………………… 101
　(1)国語科の授業内で
　(2)国語科の授業外で
3　生活文指導の実際 …………………………………………………………… 104
　(1)国語科内の指導の中で―生活文の取り上げ指導の例―

第3章　資料編
「選択」と「対話」で作文がみるみる書けるワークシート

第 **1** 章
理 論 編

育成を目指す資質・能力と
「選択」と「対話」のある作文指導

これからの時代に求められる「書くこと」の指導
―新学習指導要領で育成を目指す資質・能力を踏まえて―

1 「書くこと」の指導はどう変わったか

平成29年３月に新しい学習指導要領が公示されました。改訂のポイントとして，急激に変化していく社会の中で，子供たちに未来の創り手となるために必要な知識や力を身に付けさせることが求められています。具体的には，単なる知識「コンテンツ」重視から，資質・能力（知識・技能，思考力・判断力・表現力等，学びに向かう力や人間性

「B書くこと」領域の構成

学習過程		(1)指導事項			(2)言語活動例		
		第１学年及び第２学年	第３学年及び第４学年	第５学年及び第６学年	第１学年及び第２学年	第３学年及び第４学年	第５学年及び第６学年
書くこと	題材の設定	ア	ア	ア	アイウ（説明的な文章を書く活動）	アイウ（説明的な文章を書く活動）	アイ，ウ（説明的な文章を書く活動）
	情報の収集						
	内容の検討						
	構成の検討	イ	イ	イ			
	考えの形成	ウ	ウ	ウ，エ			
	記述						
	推敲	エ	エ	オ			
	共有	オ	オ	カ			

小学校学習指導要領（平成29年告示）解説　国語編

等）の重視，すなわち「コンピテンシー」重視へと，舵が切られました。国語科教育の学習指導も資質・能力の育成につながることが求められ，それは学習指導要領の「目標」にも，「資質・能力を育成することを目指す」という前書きが，新しく添えられていることを見ても分かります。では，具体的には，どのように変わったのでしょうか。本書は，生活文を対象にしていますので，「書くこと」に焦点を当てて見てみましょう。

まず「書くこと」の領域構成からです。先生方が授業をする上で気になるところが，今回どのような言語活動が配置されたか，という点でしょう。新学習指導要領の「解説」には，言語活動例について，次のように記されています。

・各学年のアは，主として説明的な文章を書く言語活動を例示している。
・第１学年及び第２学年，第３学年及び第４学年のイは，主として実用的な文章を書く言語活動を例示している。
・第１学年及び第２学年，第３学年及び第４学年のウ，第５学年及び第６学年のイ，ウは，主として文学的な文章を書く言語活動を例示している。

生活文と関係が深そうな，「言語活動例　ウ」には，詩や物語は示されていますが，生活文

は出てきません。しかし,文種だけに目を奪われてはいけません。全学年の項目ウを貫くのは,「感じたことや想像したことを書く活動」であり,高学年ではさらに「事実や経験を基に」とか「自分にとっての意味」という文言も加わっています。子供たちに,詩や物語といった特別な様式だけでなく,身近な出来事を題材とした生活文を書く活動も,「感じたことや想像したことを書く」ことにつながると考えられます。

第1学年及び第2学年	第3学年及び第4学年	第5学年及び第6学年
ア 身近なことや経験したことを報告したり,観察したことを記録したりするなど,見聞きしたことを書く活動。	ア 調べたことをまとめて報告するなど,事実やそれを基に考えたことを書く活動。	ア 事象を説明したり意見を述べたりするなど,考えたことや伝えたいことを書く活動。
イ 日記や手紙を書くなど,思ったことや伝えたいことを書く活動。	イ 行事の案内やお礼の文章を書くなど,伝えたいことを手紙に書く活動。	
ウ 簡単な物語をつくるなど,感じたことや想像したことを書く活動。	ウ 詩や物語をつくるなど,感じたことや想像したことを書く活動。	イ 短歌や俳句をつくるなど,感じたことや想像したことを書く活動。
		ウ 事実や経験を基に,感じたり考えたりしたことや自分にとっての意味について文章に書く活動。

小学校学習指導要領(平成29年告示)解説 国語編

　事実,鹿児島県では,教科書から生活文を書く単元がなくなった現在でも,ほとんどの小中学校において,生活文を書く機会が設けられています。生活文を書く活動は,現在でも全国の小中学校で展開されているのではないでしょうか。もしそうだとしたら,小中学校の教師は,生活文指導について工夫を重ね,その価値をよく理解していると思うのです。

　本書は,新学指導要領に異論を唱えるものではありません。むしろ,「これ以外の言語活動を取り上げることも考えられる」と「解説」にも明記されていることを積極的に捉え,生活文指導に取り組もうとしている先生方へのヒントとして,提供させていただくものです。

❷ 生活文は不要か

(1)生活文と「人間性の涵養」

　本書の基盤となる実践は,私が鹿児島県日置市教育委員会の指導主事時代に,日置地区国研のメンバーの協力をいただき設立・運営した「わくわく作文塾」です。

　詳しくは,後述しますが,ここでは「わくわく作文塾」で実際に出会った小学2年生の作文の紹介から始めさせてください。

「わくわく作文塾」に来る前に自宅で書いてきた作文

（題名は無し）
　三四時間目，二年生の生きものたんけんに行きました。わたしたちは，じょう山公園へしゅっぱつしました。20分ぐらいしてから，つきました。ついたときにみんなつかまえていたのでわたし，なんにもとれないのかな。とがっかりしました。10分ぐらいして，もん白ちょうをつかまえました。名前は，白ちゃん。そのあととのさまばったのとの。と2ひきつかまえました。

　2年生らしい作文です。いつ，どこで，だれが，何をした，といった説明的・実用的な文章を書く上で肝要な要素は網羅されている作文だといえます。しかし，何か物足りなく感じられる方も多いのではないでしょうか。例えば，「生き物探検」の中で，この子供はどのようなことを感じたり想像したりしたのか，もっともっと書き膨らませてほしいと思われるのではないでしょうか。

　実は，この子供は「わくわく作文塾」の120分間で次のように，書き膨らませました。（紙幅の都合上，実物は最初と最後のみを紹介。）

「わくわく作文塾」で書いた作文

題名 「モンシロちょうのどこ」

「キーンコンカンコン。」
二時間目のおわりのチャイムがなりひびきました。みんながよろこんでいます。とくに男の子なんかはしゃいで耳がはれつしそうです。なんでよろこんでいるかと言うと（原文ママ）三四時間目がまちにまっていた虫たんけんだからです。

　そして，ついに，三時間目のはじまりのチャイムがなりました。先生が，行くときのちゅういをして，さっそくしゅっぱつです。わたしは，ルンルン気ぶんで歩いて行きました。20分ぐらいして，ついにとうちゃく。みんなついたばっかりなのにどんどんとって行きます（原文ママ）。わたしだけとれないのかな。がっかり。Aくんは，小さいちょうちょうやバッタをつかまえていました。Tくんは，くろとんぼをつかまえていました。わたしは，みんなが，うらやましくて，なきそうになりました。

　草むらでいったん一休み。みんなで水とうをのみました。すると，まなほちゃん，まなほちゃんとよぶこえがしたので，（注：筆者が他の友達から呼ばれたことを意味する）ぜんりょくではしっていったら，バッタがぴょんぴょんとんでいました。わたしが，
「えいっ。」
といってあみをおろすと，
「やったあ。」
あみにひっかかっていました。このとのさまばったは，名前をつけて，とのにしました。どんどんさかを上っていくと（原文ママ），モンシロちょうがパタパタみつをのんでいました。これはチャンス。
「ハーッ。」
見てみると，
「よしっ。」
つかまえていました。このモンシロチョウはとっても小さくて，前から見て，とのはいるけど，モンシロチョウがいないと思って，どこどことさがしてしまいました。名前はどこにしました。（注：虫カゴにモンシロチョウを入れると，すぐには見つけられなかったので，「どこ，どこ。」と探したという意味。）

　そしてかえりみちどこがしんでいました。とってもとっても心がいたかったけどうめてあげました。とのもそうなるとかわいそうだからにがしてあげました。わたしはいつもおもいます。生きもの大すき。お空の上でみているんだよねどこ。

　初めに提出された作文を読むと，「○○に行った」に象徴される「行事作文」の類であると思われたのではないでしょうか。しかし，書き膨らませた作文を読むと，この子供が本当に書

きたかったことは,「命の価値」であったことが分かります。姿が見えなくて「どこ」と名付けたモンシロチョウ。でも今は「どこはお空の上にいる」と想像し,「生きもの大すき。」とまっすぐに気持ちを述べています。
　冒頭で,「国語科教育の目標も資質・能力の育成につながることが求められている」と書きました。その資質・能力の中には「学びに向かう力・人間性等」があります。平成27年「初等中等教育分科会（第100回）配付資料」を見ますと,「人間性等」には,「感性, 優しさや思いやり」が含まれています。つまり生活文は, 順序よく書いたり, 分かりやすく説明したりすることに加えて, その子なりの感性や優しさや思いやりを表出する, 貴重な言語活動であるといえるのではないでしょうか。「モンシロチョウのどこ」では, 書き手が日常生活に目を向け, まるで水が染み込むように, ゆっくりと自分の心を見つめ, この子供なりの感性や優しさを発露させています。
　生活文を書くことは,「人間性等」をゆっくり養い育てていく, すなわち「人間性の涵養」の機会としても大切にしたいと思うのです。

(2)生活文と「言語能力」

　国語科は,「言語能力」を高める教科です。では,「言語能力」とは何でしょうか。
　ここでも,「小学校学習指導要領（平成29年告示）解説　総則編」（以下,「解説　総則編」）の文言を見直してみましょう。（下線は稿者）

> ・（前略）今回の改訂に当たっては, 中央教育審議会答申において人間が認識した情報を基に思考し, 思考したものを表現していく過程に関する分析を踏まえ, 創造的・論理的思考の側面, 感性・情緒の側面, 他者とのコミュニケーションの側面から言語能力とは何かが整理されたことを踏まえ, 国語科の目標や内容の見直しを図ったところである。（「解説　総則編」）

　これによりますと,「言語能力」とは「創造的・論理的思考の側面」「感性・情緒の側面」「他者とのコミュニケーションの側面」から整理できるものだとされています。このうち, 生活文を書くことは,「感性・情緒の側面」「他者とのコミュニケーションの側面」においても効果を発揮しそうです。
　もう少し, 詳しく見てみましょう。「中央教育審議会答申」から, 生活文を書くことと関係が深そうな「言語能力」に関する文言を拾ってみます。（下線は稿者）

> （知識・技能）
> 　言葉の働きや役割に関する理解, 言葉の特徴やきまりに関する理解と使い分け, 言葉の

> 使い方に関する理解と使い分け,言語文化に関する理解,既有知識(教科に関する知識,一般常識,社会的規範等)に関する理解が挙げられる。特に,「言葉の働きや役割に関する理解」は,自分が用いる言葉に対するメタ認知に関わることであり,言語能力を向上する上で重要な要素である。
> (思考力・判断力・表現力等)
> 　テクスト(情報)を理解したり,文章や発話により表現したりするための力として,情報を多面的・多角的に精査し構造化する力,<u>言葉によって感じたり想像したりする力,感情や想像を言葉にする力,言葉を通じて伝え合う力,構成・表現形式を評価する力,考えを形成し深める力が挙げられる。</u>
> (学びに向かう力・人間性等)
> 　言葉を通じて,社会や文化を創造しようとする態度,<u>自分のものの見方や考え方を広げ深めようとする態度,</u>集団としての考えを発展・深化させようとする態度,<u>心を豊かにしようとする態度,自己や他者を尊重しようとする態度,</u>自分の感情をコントロールして学びに向かう態度,言語文化の担い手としての自覚が挙げられる。

　生活文との関係に留意しながら,「中央教育審議会答申」を見ますと,「言葉によって感じたり想像したりする力」「感情や想像を言葉にする力」「言葉を通じて伝え合う力」「構成・表現形式を評価する力」「考えを形成し深める力」などに注目できそうです。また,「言葉を通じて,自分のものの見方や考え方を広げ深めようとする態度,心を豊かにしようとする態度,自己や他者を尊重しようとする態度」等も挙げられそうです。

　子供たちは,前述した「モンシロチョウのどこ」のような生活文を書くことによって,「言語能力」として整理された「感性・情緒を言葉にする力」や「言葉を通じて心を豊かにしようとする態度」等を高めることができるのではないかと思います。

❸ 「選択」と「対話」がある学習活動

　では,どのような生活文指導が大切なのでしょうか。結論から申しますと,本書のタイトルにもなっている「選択」と「対話」を,子供たちに保障することが大切だと考えています。その考えに至った経緯については後述しますが,その前に,例によって「解説　総則編」で確認しておきましょう。実は,「選択」と「対話」の重要性については,「解説　総則編」の「第3章　教育課程の編成及び実施」にも,次のように記載されているのです。(下線は稿者)

> (6)　<u>児童が自ら学習課題や学習活動を選択する機会を設ける</u>など,児童の興味・関心

> を生かした自主的，自発的な学習が促されるよう工夫すること。

（前略）<u>各教科等の指導において，基礎的・基本的な知識及び技能の確実な定着を図るとともに，これらの活用を図る学習活動を行うに当たって，児童が主体的に自分の生活体験や興味・関心をもとに課題を見付け，自分なりに方法を選択して解決に取り組むことができるように配慮することが考えられる。</u>

児童の興味・関心を生かした自主的，自発的な学習を促すために，「選択」の機会を確保することの大切さが明記されています。「押し付けられた方法」では，やる気が起こりません。だれしも納得できる点でしょう。感じたことや想像したことを書き表すための文種を子供自らが選択したり，さらには生活文を書く方法を選択したりすることが大切です。

例えば，生活文の書き出し方には，過去の文献等を研究しますと，少なくとも9種類の書き出し方が示されています。いつも，「　」（かぎ）の会話文から始まらなくてもいいことを，子供に教えてほしいと思います。

次に，「対話」について考えてみましょう。「対話」とは，新学習指導要領のキーワードである「主体的・対話的で深い学び」の中で，「子供同士の協働，教職員や地域の人との対話，先哲の考え方を手掛かりに考えること等を通じ，自己の考えを広げ深める学び」だと繰り返し説明されています。

私は生活文の指導でも，右図の中の五つの対話が必要だと考えます。

思い出してみてください。私たち大人でも，文章を書いている途中で，他人に意見を求め，書き進めていった経験があると思います。子供たちにも，書き終えてからの交流だけでなく，書いている途中の多様な交流，すなわち「対話」をさせる機会が必要なのだと考えます。

具体的には，次のようなプロセスを考えました。参考までに，新学習指導要領で示された「書くこと」の指導過程も合わせて示しておきます。

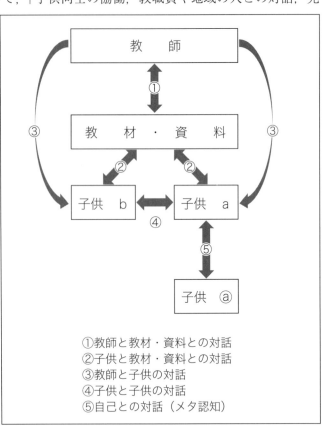

図　国語科授業で必要な五つの対話

新学習指導要領「書くこと」の指導過程	本書における生活文の指導過程		本書における生活文の指導過程の各内容
題材の設定，情報の収集，内容の検討	着想	選択・対話	書きたい内容や材料を思い付き，膨らませる段階。
	構想		思い付いた内容を可視化することで，書く目的や伝えたい相手を明確にしていく段階。
構成の検討	構成		順序や中心，筋道の通った展開，効果的な全体の組み立てについて考える段階。
考えの形成，記述	記述		自分の気持ちや考えが伝わるように，ロジックやレトリックに工夫を凝らしながら書いていく段階。
推敲	推敲		自分の目的や内容，主張等に照らし合わせて，語句や構成等の内容面の検討・修正，誤字・脱字等の形式面の修正を行う段階
共有			各過程で対話を行っているので，設定していない。

　念のために申し上げますと，これは書き上げた作品がないと「共有できない」という意味ではありません。実際の指導過程の途中においても「共有」をする活動は，当然設定されるものだと思います。

　ただ，本書では指導過程途中における，「選択」と「対話」について，さらに積極的に取り組むべきだという立場です。「そんなことをしていては時間が足りない」という声が聞こえてきそうですが，各過程における「選択」・「対話」の時間は，短くても構いません。ポイントは，前ページの「五つの対話図」で示しましたように，生活文を「教師と子供の間」だけに置くのではなく，「子供と子供の間に置く」ことを実現させることにあります。教師主導の生活文指導から，子供が主体的に協働的に生活文を書く姿へと転換させること。これが本書で最も大切な主張点です。

　私事で恐縮ですが，私が「選択」と「対話」の研究を始めたのは，次のような苦い経験がきっかけでした。図工の時間のことでした。当時，新採5年目の小学校教師だった私は，子供たちに「絵を描き上げたら持ってくるように」と指示し，日記帳を調べていました。

　子供たちは，私が日記を調べているのを知っているので，私の手を煩わさないように静かに絵を描き続けてくれました。しばらくすると，ある男の子が描き上げた絵を手に，私のところへやってきました。そして，「先生，これでいいですか？」と訊いたのです。私は，その言葉を聞いた瞬間，自分の至らなさに気付かされました。絵自体はとても素晴らしかったのですが，

その子供は私に「これでいいですか」という「許可」を求めてきたのです。ご承知の通り，表現活動とは，だれかに「許可」を求めるものではありません。自分の目的を相手にどのように伝えるか，音や絵や体や言葉を使って表現していくものでしょう。喩えるならば，私の指導は，パレットいっぱいに絵の具を準備させ自由に選択させたり，教師や友達と対話しながら描かせたりする指導ではなく，教師の思いを忖度させる絵画指導になっていたのです。それが，子供たちに「これでよいか」と尋ねさせてしまったのです。

　その後，私は，芦田惠之助氏や大村はま氏等の先行実践や諸科学における対話論の研究を始め，「書くこと」における「選択」と「対話」の重要性を見出すことができました。そして，「モンシロチョウのどこ」を生んだ「わくわく作文塾」へとつながっていきました。

❹ 「書くこと」の指導とワークシートの使い方

　本書では多数のワークシートを紹介していますが，ワークシートをどのように使うかという点も大切です。

　そこで，本書は単なるワークシート集ではなく，「どのように指導すればよいか」についても，「1ワーク−1実践」のスタンスで，丁寧に説明することを意識し編集しています。

　なお，これに関しては，次のような体験が下地になっています。13年前に私が開発した「わくわく学習塾」のワークシートは，徐々に鹿児島県内に広まっていきました。しかし，一方でワークシートのみが"独り歩き"をしていきました。開発したワークーシートを使ってくださることは，大変うれしいことです。しかし，いつのまにか「理論編」で強調してきた「選択」と「対話」が忘れられ，"スキル偏重"や"コンクール作文主義"の象徴として揶揄され残念な思いをすることもありました。

　本書で示すワークシートや授業例は，言語活動例と同じく，単なる"例"に過ぎません。どうぞ，読者の皆様の手によって，子供たちがわくわくしながら生活文を書けるように改善してくださることをお願いしたいと思います。

（原田義則）

生活文指導のポイント
―「わくわく作文塾」を通して―

❶ 生活文指導をめぐる状況[1]

　読者の皆様の県には，小中学生が必ず参加する作文コンクールがあるでしょうか。鹿児島県には，毎夏に実施される県教委主催の作文コンクールがあります。そのために，多くの小中学校の夏季休業中の課題として，生活文が出されます。各学校では，夏休み明けの作品提出後，すぐに校内審査を行い，その後市町村教委で審査，最終的には県審査へと続く恒例行事になっています。

　しかし，ご承知の通り，現在の国語教科書には生活文単元がありません。そのため，子供もどのように書いていいか分からない，教師も指導法が分からない，という少々困惑した事態が見られます。

　前節で述べましたように，「書くこと」の教育において生活文が大切なことは明白です。では，生活文を書くことの意義・価値を歪めない指導を展開するためには，どのようなことに留意すればよいのでしょうか。

❷ 教師主導の生活文指導

　生活文指導の留意点を見つけるために，まず過去の実践について検証してみましょう。

　小学校における鹿児島県の生活文指導の歴史は古く，明治から昭和初期において鹿児島県下各地で盛んに行われていました[2]。その目的は，戦前の「北方綴方」が対象とした「生活」を書くのではなく，道徳の授業や習字の授業で感じたことや考えたことなど，学校生活全般にも向けられていました。そして，「全教科学習の中に綴り方を定位させ，表現技術と児童の生活を拡充していこうとするものである。」[3]とし，これに方言矯正指導も加えた，鹿児島県独特の生活文指導「南方綴方」として広まっていきました。

　では，当時の実践とは，どのようなものだったのでしょうか。私の手元にある中で最も古い，昭和30年代当時の実践記録[4]から，少し抜き出してみます。

【小学３年生対象の実践例】

1　書く前の指導（約20分間）
　①経験を発表させる。　　②表現不足なのは，教師が補ってやる。
　③発表を遠慮している子どもには，示して発表させ，発表を助けてやる。
　④印象的なところ，表現のうまい言葉は，とりあげて板書してやる。
　⑤めいめい題目を決める。（この場合，台風）
　⑥どこから書き始めてどこで書き終わるか，どこを文の山にするか構想を発表させる。
　⑦記述上の約束をする。（くわしく，先生に教えるつもりで。五感を生かして。句読点
　　漢字。）

2　書いているときの指導（100分間）
　記述中は，教師は隅に座って観察し，記録した。（注：クラスの児童計46名）
　（記録の内容例）
　　・平均字数665字，最多約1600字は予想以上であった。
　　・５分間以上鉛筆をとらなかったものが10名ほど，これらのものには「台風の時，き
　　　みはどうしたの？」「風や雨の様子は？おとうさんは何にしてた？」などの助言を
　　　したのでほとんど10分以内には筆をとった。
　　・Ｏさん（上位：成績上位の意味）は15分も考えていたが，書きだすと，790字を55
　　　分間でまとめ，Ｍ君（下位：成績下位の意味）は一向注意が集中せず，20分間たっ
　　　て「ぼくたちがみんなでねていたら……」と書きはじめ，途中休み休みして，26字
　　　を42分間で仕上げた。助言は最少にとどめたが，書く前の指導の必要なことが痛感
　　　された。

3　書いたあとの指導（120分間）
　①自己批正　②共同批正　③全体批正　④教師批正　⑤掲示（文集としてまとめる）

　記述前・中・後の三段階の指導の中で，大切にされたのは，「ありのままに書かせる」こと
でした。記述中は「助言は最少にとどめ」ることが「生活をありのまま書く」ことへつながる
と考えられていたのです。したがって，理想とされたのは，「鉛筆の音だけが響く教室」だっ
たと思われます。

　一方で，「助言は最少にとどめたが，書く前の指導の必要なことが痛感された」という反省
も書かれています。この点を乗り越えることが意図されたのでしょうか，他の実践[5]として，
次のような例も紹介されていました。

【小学6年生対象の実践例】

1　記述前の工夫
・「今日は何の日ですか。」と発問した。「今日は母の日です。」「母の日は何のためにもうけられたのですか。」「母に感謝するようにもうけられた日です。」「そうですね。」と言って話題を母に変えて、「皆さんのお母さんについて話し合ってみましょう」と発問すると、やさしい母、きびしい母、仕事をしているときの母など話し合いが行われた。「じゃ今日は皆さんのお母さんについて書きましょうね。先生は皆さんのお母さんがどんなお母さんであるか知りませんので知りたいですから。」といって原稿用紙を2枚ずつ配布した。

2　記述中の様子
・構想を立てる
　配布し終わると、児童は一人書き二人書きして書き始めた。しばらくすると鉛筆の走る音だけが聞こえるだけだった。事前指導は15分くらいだった。事前指導は長くかけると失敗することが多い。
・書いているときの指導
　書き出してから15分くらいすると、行きづまって書けない児童が目につきはじめた（以下、母親の具体的な様子の想起させるように5W1Hについて助言した）。

3　記述後の指導
・「構想・内容から見て適当な作文」を模範例として配布。
・配布した模範例は以下の通り。
　1　雪の朝、早くから台所で炊事している母の楽しげな姿。
　2　昼間、雪の積もった山で、母と作者が薪取りをしている情景。冷たさにも負けず仕事する母の強い態度。
　3　夕方から夜もおそくまで、家の中で針仕事（いねむりをしながらも）を続けている母のようす。
　4　結び。作者の母に対する感謝の気持ちが暖かく描かれている。

　実践の流れをつなげてみましょう。話題「母の日」の提示→「母へ感謝」→「鉛筆の走る音だけが聞こえる」→「母に対する感謝の気持ちが暖かく描かれていることへの称賛」になりま

す。「母の日」という話題から，いつの間にか「母へ感謝」という主題へと方向付けられてしまっていることが分かります。

記述前の強い方向付けと，その方向に沿って書けた作文を，よいモデルとして提示する指導。子供たちは，このラインに乗せられて書かされていたように思われます。

もちろんこの教師は，「書けない子どもを書けるようにしたい」という熱心な思いで指導されたことは間違いありません。しかし，蓋を開けてみると，皮肉なことに，その指導は教師主導の生活文指導へと変質してしまったのではないかと考えています。

もし，このようなことが繰り返されると，子供は「ありのまま書きなさい。ただし，教師や大人の価値観に合うように気を付けて」という隠された教師の言葉を意識してしまうのではないでしょうか。書けない理由の一つに，「書くことがない」という声をよく聞きます。しかし，本当は「書くことはある。しかし，教師に認められる価値あるものかどうか分からない。だから，書くことがない」というのが本音なのではないか，とも思えてくるのです。

そこで重要になるのが，「選択」と「対話」です。もちろん，当時も「話し合い」はありました。でも，それは，本書で意図している対話とは遠くかけ離れたものだったようです[6]。
（下線は稿者）

> 　子どもと私の間には，詩を通して手を握り合う関係ができたが，<u>私とだけでなく級友全体で作品を話し合う世界まで，これは広げて行かねばならぬ性質のものである。</u>と私は考えるようになった。みんなが相手のこと，仲間のくらし方や考え方を知らねば，わからねば本当に手を握り合えないのだ。<u>相手のくらし方や考え方に触れることによって，子どもたちがたがいに異なった生活やその問題についての認識を深めていく。</u>

下線部から，ここでの「話し合い」とは，完成した作品を対象とした，記述後の「話し合い」であることが分かります。このような「話し合い」は，無着成恭氏が，『山びこ学校』において紹介した「話し合い」と似ていると考えます。無着氏は子どもの作品を基にして学級で「喧々ごうごう」話し合わせ，「農民をもっと金持ちにすること」などの認識を子どもに持たせることに至ったことを紹介し，国分一太郎氏はこれを「生活綴り方の特長の一つ」として述べていました[7]。

すなわち，作品が書き手の思いを効果的に書いているかという観点で話し合うのではなく，描かれた苦しい生活の様子や思想について「話し合う」というものであったようです。

以上のことを踏まえて，昭和30年頃の鹿児島県の生活文指導の輪郭を再度まとめると，次のようになります。

	子供の学習活動	教師の関わり	対話
一次	教師の話を聞く。 経験の想起。	教師がよいとするモデルの提示。	教師と子供の対話が中心。
二次	例を踏まえた作文を書く。 推敲する。	主に観察。 困っている子には個別に対応。	教師と子供の対話が中心。
三次	作品を基にした話し合い。作品のテーマから考えたことをクラスで共有化。	称賛・価値付け，文集の作成。	子供同士の対話が中心。しかし話し合われる対象は作文ではなく，描かれた生活や思想が中心。

　昭和30年頃の鹿児島県における作文指導の目的は，「南方綴方」が掲げた「前進する」生き方や生活態度を書きつつも，子供の表現技術も拡充しようとしていました。そして，キーワードとして挙げられていた「ありのままに書くこと」が重視されました。

　しかし，当時の時代状況や小学生の発達段階，生活指導との密接なつながり等の理由から，いつしか生活文の目的は生活指導の方法としての側面が重視されるようになり，次第に教師主導型の生活文指導になっていったと考えられます。

　この流れに，拍車をかけたのが「作文コンクール主義」でした。私は，昭和30年代から50年代にかけて鹿児島県の作文教育を牽引された教師にインタビューを重ねています。そして先輩方は，異口同音に「生活文指導は，いつしかよく書いている子供だけのもの，すなわち選手制になっていた」といわれます。子供たちの生活文は，「教師と子供の間」のみに置かれ，生活指導・方言矯正・コンクール主義といった要素が絡み，教師の熱心さゆえに，教師主導の生活文指導になっていったと考えています。その空気は，ややもすると，今でも残っていると感じる場合があります。

　原稿用紙の前で迷っている子供に「書き方」を教えつつ，主体的に作文を書く「書き手」として成長させる指導法はないか。そんな思いを込めて始めたのが，「わくわく作文塾」でした。（これは，私が鹿児島県日置市教育委員会時代に，当時の日置地区小学校国語研究会のメンバーに協力をいただき，立ち上げたものです。ちなみに，「わくわく作文塾」の命名は，現在，原国会会長の鬼塚秀樹先生に付けていただきました。長期休業中に関わらず，わくわくしながら子供たちが作文を書く教室を実現したい，という思いから命名してくださったものです。）

❸ 「わくわく作文塾」の設立

　国語科教育の中では「書くこと」の指導内容として，手紙・依頼状・案内状等から，詩や物語まで多様な様式が考えられますが，生活文は最も身近な「書くこと」でしょう。戦後の生活

文指導実践を紐解くと，優れた指導方法がいくつも残されています。

　しかし，それら具体的な指導方法が提示されてもなお，教室では作文の指導が「難しい」とされます。原因は何でしょうか。それは，子供全員に共通した「書き方を教える」と同時に，子供一人一人を「書き手」として育てることが容易ではないことだと思います。すなわち，作文の指導の内容である主題・取材・構成・記述・推敲といった，「作文の知識・方法」を教えるだけでなく，「考える力」「感じる力」「想像する力」等の「物・事・人の認識力」を育てる指導を同時に成立させにくいのです。

　まとめると右図のようになるでしょう。各教室で，作文の指導が不振だとすれば，それは指導原理・指導方法・資料の問題だけではなく，子供を

図　生活文指導における現場教師の迷い

「書き手」として育てる指導方法が，現場教師の中で未確立であるという点に起因するのではないでしょうか。しかも生活文は個人の表現物であるため，教師に要求される内容は多岐に渡ります。

　この問題を，教育行政機関主催の「講義・演習（参加）型研修」や，一単位時間だけの授業提供に基づく「研究授業型研修」だけで解決していくのは難しいと思います。例えば，「講義・演習（参加）型研修」では，子供がその場にいないため，教師が準備した資料や個別的な言葉かけが，子供を「書き手」としてどのように成長させているかという点を，直接確かめることができません。

　また，各学校で実施される，「研究授業型研修」の提供授業は，その多くが一単位時間の公開に限られています。そのため，作文の想を練る段階から，推敲・完成に至るプロセスのすべてを対象とした分析や考察は，授業者一人で行わなくてはならず，他の教師から学ぶ研修ができません。すなわち，指導過程全体の中で，子供が「書き手」としてどのように成長しているかという点については，やはり不鮮明な部分を残すのです。

　実際，多くの研修会に参加し，研究授業を経験していても「作文の指導はどうも難しくて」

と述べる教師が少なくありませんが,内実は「書き手」として育てることの難しさを述べている場合が多いように感じています。

　子供を「書き手」として成長させるためには,どのような指導法があるのでしょうか。当時,鹿児島県日置市教育委員会指導主事であった私は,教師が目前の子供の反応を瞬時に捉えて指導したり,それにより子供が課題を克服する場面を目撃したりすることができる「わくわく作文塾」を企画・実践することとしました[8]。平成18年度のことです。「作文を学びたい」という子供たちと,「作文指導法を学びたい」という教師を結んだのです。

　しかも,学校の授業とは違い,15時間（3時間×5日間）のすべてが「作文を書く」ことだけを目的としていました。すなわち,教師にとっても子供たちにとっても,その日初めて会う人ばかりの中で,長時間かけて作文を書くという,しびれるような「真剣勝負の場」を準備したのです。具体的には次の3点を柱として,「わくわく作文塾」を実施しました。

表 「わくわく作文塾」の特徴

	特　徴	主な内容
①	「わくわく作文塾」のシステムづくり	・児童,家庭への呼びかけ ・「わくわく作文塾」講師（市内小学校教員）を対象とした事前・事後研修会の実施
②	「わくわく作文塾」の事前・事後の打ち合せ会の実施 「わくわく作文塾」の事前・事後の打ち合せ会の実施	・「日ごろ見られる子供のつまずきの様子」や「働きかけの種類」の整理 ・担当学年チーム編成の確認（小学校教師） ・主題,取材,構成,記述,推敲,完成に至る作文の全過程を網羅したワークシート形式の「手引き」の作成 ・定点カメラの記録を利用した「対話」の分析
③	「わくわく作文塾」の実施	・長期休業中に合計5回の実施

「わくわく作文塾」の概要

(1)「わくわく作文塾」の状況

参加人数は，平成21年当時，下表のような状況でした。

表 「わくわく作文塾」への参加状況

回数	開催期日 ※開催時間　9：00～12：00	参加人数 （子供）	参加人数 （教師）	扱った文種
第1回	平成18年8月2日	38	10	生活文
第2回	平成18年8月22日	38	10	生活文
第3回	平成18年12月26日	79	20	生活文
第4回	平成19年8月2日	120	22	生活文・俳句
第5回	平成19年8月3日	80	24	生活文・俳句
第6回	平成19年8月23日	115	22	生活文
第7回	平成19年8月24日	75	20	生活文
第8回	平成19年12月26日	125	26	生活文
第9回	平成19年12月27日	75	21	生活文
第10回	平成20年8月4日	121	25	生活文・詩
第11回	平成20年8月5日	81	20	生活文・詩
第12回	平成20年8月20日	110	24	生活文
第13回	平成20年8月25日	60	15	生活文
第14回	平成20年12月26日	124	24	生活文・読書感想文
第15回	平成21年8月4日	125	23	生活文・創作文
第16回	平成21年8月5日	85	21	生活文・創作文
第17回	平成21年8月19日	110	23	生活文
第18回	平成21年8月20日	68	22	生活文
第19回	平成21年12月28日	128	65	生活文・読書感想文
累計（人）		1757	437	5種類の文種

※稿者が日置市教育委員会に在籍中の人数のみを掲載。

(2)「わくわく作文塾」における指導の流れ

当日の概要を，「手引き」（一部抜粋）を交えて紹介します。

①見通しをもつ

　主体的な書き手を育てるためには，作文の全過程を認識させることが必要です。ワークシートは手順の確認から始めました。(資料編 P.112)

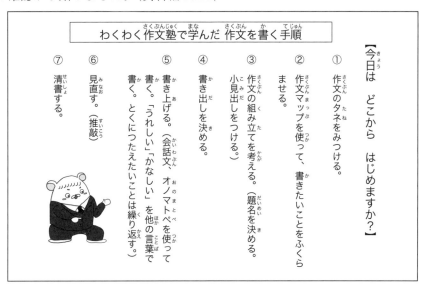

②着想する

　次に，子供同士の対話が進むようなワークシートを準備し，対話を通して「思い付く―着想」するためのワークシートを準備しました。工夫したことは，題名を「秘密を教えてあげる」「○○さんに花丸をあげます」など，相手意識を明確にしたことです。子供たちは，数多くの着想シートから選択し，思いを芽生えさせていきました。(資料編 P.114)

③構想する

　着想したものの輪郭を明確にするために，次頁の「作文ダブルマップ」を作成しました。「ダブルマップ」という名前は，主題と相反する内容について考えさせるところに由来します。例えば，学校現場でよく見られる「水泳大会で入賞してうれしかった」という主題ですと，「水泳大会までに練習して苦しかったこと」まで思いをめぐらせるためのマップです。すると，「うれしかった」という主題の裏にある「苦しかった」という思いに，自分自身が気付き「うれしかった」という思いを，なお強く感じることができ，自分の成長についても認識し，着想したこの輪郭が明確になる「構想」へつながると考えました。(資料編 P.124)

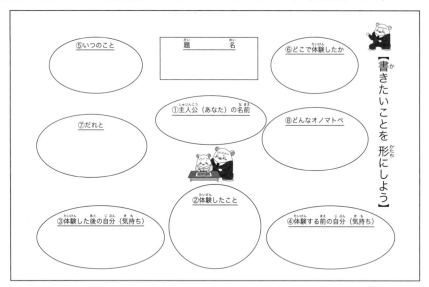

④構成表を作成する

　低学年では時系列に構成していく方法，高学年では時間を操作してクライマックス場面から書く方法等，学年の発達段階に合わせた手引きを使用させました。

⑤書き出し文・書き結び文を「選択」する

　作文指導における書き出し文の重要性は，これまでに語られてきたことです。しかし，子供たちや教師に具体的な書き出し文を尋ねると，「かぎかっこで始める方法は知っているが……」という回答でした。これでは，「多くの絵の具から，好きな色を選択して絵を描くように書く作文」の実現はできません。そこで，子供たちからの要望が高かった，書き結び文の例も合わせて，次ページにあるような「手引き」を作成しました。留意したいのは，書き出し文は「段落の書き出しである」という点です。例えば，第一段落は情景描写で書き出し，第二段落は「　」で書き出し，第三段落は回想文で書き出し……という風に，段落ごとに書き出し文を選択させるのです。書き出し文のバリエーションの多さは，作文の展開力に直結します。手引き

は子供たちのノートに貼らせ，一年間活用させるのもいいでしょう。

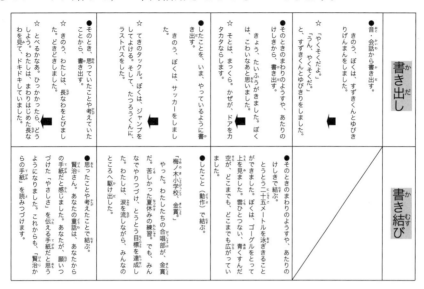

「書き出し・書き結び」一覧表（資料編 P.128 より）

⑥「対話」による推敲をする

大村はま氏の先行実践（大村はま『大村はま国語教室』第五巻，1983年）を参考にして，下図のような手引きを作成しました。これにより，教師は子供の求めに応じながら，個別的な対話を進めることができました。（資料編 P.133 より）

●自分の作文に線を引いて，友達と交かんしよう。そして，よいところをほめたり，アドバイスをしたりしよう。

わたしの作文「　　　　　　　」のとくちょう

	観点	内容
1	特に読んでほしい人は，	（　　　　　　　　）です。
2	特に伝えたいことは，	（　　　　　　　　）です。
3	わたしの作文には，次のような記号がつけてあります。	
①	（何も書かない。）	このへんは，すらすら書けました。
②	＝＝＝＝＝＝＝＝＝	このへんは，よく書けました。
③	×――――――――	このへんは，よく書けていません。
④	?――――――――	このへんは，自分の気持ちがぴったりしません。教えてください。

❺ 「わくわく作文塾」で展開された対話

(1)展開された「対話」―定点カメラの記録より―

これまで述べてきたように、「手引き」によって共通した「知識・方法」の指導を行いつつ、「書き手」としての成長を図るために、教師と子供、子供と子供の「対話」を積極的に行ってもらいました。

【定点カメラの記録①～一人の子供に対するアプローチの違い～（4年生対象）】

教師a：（座っている子供の斜め上からアドバイス。子供は自分の原稿用紙を見ている。子供はソフトボール少年団の経験を書いている。教師は、自分の疑似体験を思い出し、バッティングフォームを演じながら、尋ねる。）○○くん、同じような経験がないかな？（子供は、教師と目を合わせることなく、まだ、書き出せずにいる。）

教師b：（教師aが立ち去った後。ひざを落とし、子供の目線に降りて対話する。）へえ、すごいなあ。（赤ペンで花丸を付ける。すると子供が顔を上げ話し出した。）うんうん。ヒット、うれしかった。（教師はうなずき、子供の言葉をそのまま繰り返す。）（しばらく、子供の言葉を繰り返した上で、次のようにまとめる。）なるほど。○○くんは、初めて打ったヒットがうれしかったことを書きたいんだね。（子供は、教師と目を合わせて、にっこり微笑む。）

教師aは、決して力を抜いた指導をしているのではありません。むしろ、バッティングフォームを演じるなど、「熱心」に指導をしている教師だと思います。

しかし、子供には届いていません。このときの教師が担任なら、少しは「届いているふり」を見せたと思います。ところが、子供にとって教師aは、このときに初めて会いましたので、素直な反応、つまり教師と目を合わせることなく考え込む、という反応を見せたのだろうと思います。

一方、教師bは子供と目線を合わせ、花丸、繰り返し、書きたいことの調整等、様々な対話を展開しています。この「称賛」「相手の言葉の繰り返し」「書きたいことの調整」は、それからの「わくわく作文塾」における教師の原則となっていきました。

【定点カメラの記録②～構想を膨らませる指導～（2年生対象）】

教師：「わくわく作文塾」の「作文の手引き」にある（「○○さんに花丸あげます」のワークを示しながら）自分の友達でも、お兄ちゃんお姉ちゃんでもいいんだけれど、……花丸あげたいなあってことないかな。

> 子供：算数のとき……。（この後，言葉が出ない）
> 教師：あっ，算数のとき，算数の時どんなことがあったの？【書きたいことの調整】
> 　　　（手を差し出し発言を促す，身を乗り出す，子供の目を見つめる，うなずく，驚きの表情をしながら）【称賛，繰り返し】
> 子供：（うなずき，会話を続ける）〇〇ちゃんが，消しゴムを貸してくれてね，とってもうれしかったよ。（周りの子供たちも聞き入っている）
> 教師：（周りの子供に発言を促す）他の人たちにも，似たようなことはないかな（すぐに男の子挙手・発言）（その発言を聞いていた，他の子も何か思い当たった笑顔になり挙手をする）

　子供たちの対話の様子も観察しました。

> **【定点カメラの記録③〜子供同士のアドバイス〜】（５年生対象）**
> ※静かに書き進めている子供たちに，教師ｃが話しかける。
> 教師ｃ：（作文が）書き進められない人，しるし（注：ワークシートの記号）を付けて，友達からアドバイスをもらってね。
> ※教師ｃが，他のところへ移動した途端に，隣の子供と対話を始める。
> 児童ａ：（記号を付けて）ねえ，……ここ書けなかったけれど，どう，書けてる？
> 児童ｂ：（書き出しの一覧表を見ながら）私は途中で「　」を使って書いた（書き出した）けれど，〇〇さんも使って書くといいかも。
> 児童ａ：分かった。
> ※二人は，また書き始めた。

　わくわく作文塾では「鉛筆の音だけが響く教室」は目指していません。むしろ，あちらこちらで「対話」が見られる教室を目指しています。そこでは，「定点カメラ」の記録にあるように，「対話」を通して書きたい内容を輪郭付けたり，技法の「選択」をする中で効果的に書くことを意識したりしています。この他にも，定点カメラには，「対話」と「選択」の場面が記録されています。映し出された子供と教師の姿こそが，大きな成果であったと感じています。それは，教師の感想からも読み取れました。

❻ 「わくわく作文塾」で明らかになった生活文指導のポイント

　定点カメラの様子や「わくわく作文塾」終了後の教師の感想等から，次のようなことが明らかになりました。

- 教師は,「指導技術」として,作品としての仕上がりについて批評する「指導者の目」とも言うべき評価力を駆使している。例えば,誤字・脱字・文字の丁寧さの度合いから,言語事項面の指導が必要であることや,オノマトペ・比喩の使用頻度から効果的な表現方法の指導が必要であることを感じて,個別指導を展開している。
- 一方,ベテラン教師は「指導者の目」に加え,共感的な「読み手としての目」とも言うべき評価力を駆使している。例えば,教師が「読み手」として,称賛・感動・疑似体験の想起・自分の興味からの質問等を行うことにより,子供は教師を「読み手」として認識する。そして,「読み手」である教師に伝えたい(書きたい)という意欲が増大したり,教師と対話したりする過程で不明瞭だった主題・内容を,子供自身が明確に捉えたりすることができるようになる。
- すなわち教師には「指導者の目」と「読み手としての目」の両方の「目」が必要である。これが偏るとチェックばかり受ける作文の授業になったり,褒めることばかりで知識・技術の獲得がない授業になる。

生活文指導の側面からまとめてみますと,一斉指導的・診断的な「書き方を教える」指導と,個別的で形成的な「書き手を育てる」指導に大別されました。この二つの側面を「選択」と「対話」によって有機的に関連させることが,生活文指導のポイントだといえるでしょう。

表 「わくわく作文塾」で明らかになった生活文指導のポイント

	生 活 文 の 指 導 法	
目 的	・「書き方を教える」指導法 ・コンポジション理論にのっとった知識・技能の習得が中心	・「書き手を育てる」指導法 ・コミュニケーションによる思考・判断,関心・意欲の向上が中心
形 態	・一斉指導が中心	・個別指導が中心
方 法	・「作文の手引き」(ワークシート形式)の作成,使用 ・表現技法の「選択」	・教師と子供の「対話」 ・子供と子供の「対話」 ・自分との「対話」
子供の姿 (アンケートより)	・「作文の手順を教えてもらってすごく勉強になった」 ・「自分では分からない文のおかしいところを教えてもらった」 ・「次に,どう書き進めたらいいかと思っているときに,アドバイスをもらった」	・「書くことが頭の中にいっぱいできた」 ・「自分の話をよく聞いてくれて,言いたいことを基にまとめることができたから,うれしかった」 ・「自分でどんどん作文が書けるようになってうれしかった」

教師の姿（アンケートより）	・鹿児島県作文コンクール，読書感想文，他のコンクール，手紙作文等の指導場面で，ワークシートにあった，「ダブルマップ」「構成」の指導を活かした。また，オノマトペや書き出しの文例を選択し使うことで，子供の意欲が高まり，先へ先へと書き進めていった。 ・教科書教材の指導において，題名の付け方の工夫やオノマトペの使い方を指導したりした。子供は自分の進度を視覚的に把握し，達成感も得られた。	・自分の思いを文章化することが苦手な子供に，「対話」をふんだんに取り入れて指導することで，自信を持って書いていた。 ・子供の一つ一つのがんばりに対して，たくさん称賛することが，子供の笑顔を引き出していると感じた。 ・少しの言葉かけから，鉛筆が進んだり，自分の書きたいことがはっきりしたとき，子供がとてもうれしそうにしていた。 ・他の教師の「対話」の様子を見ながら教師の意図した「対話」があれば，子供らしい言葉でいろいろなことを語ってくれるんだと思った。
成　果	・作文指導に関する基礎的事項と照応させた指導方法 ↓ 【批評的な「指導者の目」】	・作文指導に関する個別的・形成的な指導方法 ↓ 【共感的な「読み手としての目」】

「作文を学びたい」という子供たちと，「作文指導法を学びたい」という教師を結ぶ「わくわく作文塾」。忘れられない子供の姿は，わずかな時間の中で「書き方」を知り，「書き手」として成長していく姿でした。こうした子供の姿を目の当たりにした教師は，「選択」と「対話」を軸にした，生活文指導の方法を獲得し，各自の教室へと展開していきました。

次章では，教師たちが，各自の教室でどのように展開したか，ワークーシートをどのように使ったかなどに焦点を当て，紹介していきましょう。

（原田義則）

【注】
1　本稿は，原田義則「実践・臨床型研修　わくわく作文塾の取組を通して」（全国大学国語教育学会編『国語科教育』第71集所収，2012）で紹介したものに，加筆・修正を加えたものである。
2　詳しくは，原田義則「鹿児島県の小学校における『書くこと』の教育史（1）～（3）」（『鹿児島大学教育学部教育実践研究紀要』所収，2015～2017）に述べている。
3　副田凱馬「『学習の綴方』を語る―南方綴り方の前進のために―」『鹿児島　国語教育第4号』，昭和31年，PP.17-21
4　『鹿児島　国語教育第4号』「作文の実態とその指導」―台風の作文3年生―，昭和31年，PP.113-118
5　『鹿児島　国語教育第4号』「わたくしは，このようにして六年生の作文指導をする」，昭和31年，PP.138-141
6　『鹿児島　国語教育第4号』「作文教育とヒュウマニズム」―表現指導と生活指導―，昭和31年，PP.11-16
7　無着成恭「あとがき」（1950年），無着成恭編『山びこ学校』岩波書店，1995，PP.308-325及び国分一太郎「解説」（1955），同書，PP.331-351による。なお，本書は1951年に青銅社から出版された初版本が底本。
8　「わくわく作文塾」を企画・実践するにあたり，日置市教育委員会の協力が大きかった。ここに記し，謝辞としたい。

第2章
実践編

**5ステップでだれもが書ける！
作文指導の授業づくり＆カリキュラムづくり**

① 着想 → ② 構想 → ③ 構成 → ④ 記述 → ⑤ 推敲

1 ミスマッチゲームで，作文の題名を考えよう
― 「主題」が決まらない子供のために ―

【対象】全学年　【準備物】数冊の本
【必要時間】25分（低学年対象の場合）〜15分（高学年対象の場合）

1 使用するワークシート（資料編 P.113）

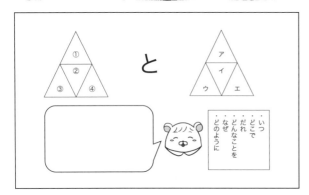

【ワークシートの特徴】
・書くことが決まらない場合は，このワークシートを使います。
・作文の題名を「〇〇と△△」と設定させ，架空の作文を口頭で発表するゲームです。
・子供はゲームを通して，作文への抵抗感を薄めたり，題材や主題の選択の方法を習得したりすることができます。

2 授業の進め方（低学年の場合）

過程	進め方	「選択」と「対話」	時間
(1)教師による説明	①ワークシートを使った一斉指導 ・教師が設定したテーマに沿って思い付いた言葉を，三角形のア〜エ，1〜4の中に記入させる。 ・その後，左右の三角形から言葉を一つずつ選び，「〇〇と△△」という題名を決定させる。 （例）テーマ：果物と好きな人物 　　　題　名：いちごと魔法使い	【自分で選択】 　左右の三角形の中から選択した言葉を「と」で結び付けさせ，「〇〇と△△」という題を考えさせる。	5分
(2)児童の言語活動	②ワークシートを使った交流活動 ・作成した「〇〇と△△」を意識させながら，架空の作文を口頭で友達と紹介し合う。	【友達と対話】 　「〇〇と△△」という題名に沿って，架空の作文を口頭で紹介し感想を述べ合う。	15分
(3)教師と一緒に振り返り	③ワークシートを使った振り返り ・作文の題名と主題（言いたいこと・作文全体のキーワード）との関係について，教師と一緒にまとめていく。	【自分と対話】 　題名と主題の関係，キーワードの結び付け方などについてまとめ，自分の作文に活かしていけることを確認する。	5分

3 授業の実際

(1)教師による説明（5分）

説明のポイント

ア　書籍の題名には，「○○と△△」というものが多い点に着目させる。
イ　『ライオンと魔女』のように，二つの言葉を組み合わせることで，新しい物語が生まれることを，物語の内容も踏まえて説明する。
ウ　左右の三角形のテーマは，教育的に配慮したテーマにする。
エ　左右の三角形から一つずつ言葉を**選択**させ，「○○と△△」という題名を決定させる際に，面白い組み合わせになるように考えさせる。（**自分で選択**）
オ　物語を考え付いた子供は，自然に鉛筆を持って書き出すことが多い。教師は，集中して書いている子供の様子を捉え，称賛することで，次への意欲を喚起することが大切である。

授業の実際

T　：みなさんが好きな本の中で，題名が「○○と△△」という本を知っていますか。何個でもいいので考えて発表しましょう。
Ｃ１：『千と千尋の神隠し』。
Ｃ２：『ライオンと魔女』。
　（以下，多くの子供たちが発表する。）
T　：多くの「○○と△△」がありますね。二つの言葉が「と」で結び付いたとき，面白い物語ができるのですね。
　　　では，手元のワークシートを使ってやってみましょう。ワークシートを見てください。左右の三角形に言葉を入れていきます。ただし，テーマがあります。左側の三角形には人物の名前を入れます。右側の三角形には好きな食べ物を書いてください。（困っている子供には「全部を記入しなくてもよい。」と助言する。）
（2分後）
T　：左右の三角形をよく見てください。できるだけ面白い組み合わせになるように考えて，「○○と△△」という題名を考えてください。そして，題名に合うような面白い物語を考えましょう。

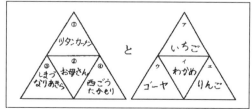

ワークシートに記入された児童のキーワード

(2)児童の言語活動（15分）

言語活動のポイント

ア　子供が選択して決定した「○○と△△」という題名に沿って架空の内容を考える。その際，ワークシートに書かれている「いつ」「どこで」「だれが」「何をした」などに留意するとよいことを確認させる。

イ　架空の内容を紹介し，感想を述べ合う。(**友達と対話**)

ウ　時間があれば，他の言葉を選択し直して，①から②を繰り返してもよい。

授業の実際

T　：まず，二つの三角形から選んだそれぞれの言葉を使って文章を書きましょう。
C１：どの言葉を選ぼうかな。
C２：「だれが」「何をした」お話にしようかな。
T　：友達とお互いの文章を読み合いましょう。

C３：○○さんは，「お母さんといちご」という題名にしたんだね。どんなお話かな。
C４：題名からどんなお話か想像できないけど，面白そうなお話だね。

(3)教師と一緒に振り返り（5分）

まとめ方のポイント

ア　振り返りのポイントとして，内容と形式の両面から自分や友達の文章を振り返ることができるようにする。

イ　教師のまとめとして，「何を書くか分からない」「書きたいことがあいまい」などの場合，試しの題名「○○と△△」を設定して，作文全体の道標として考えればよいことを確認させる。

授業の実際

T　：今日の学習を通して，学んだことや考えたことなどを発表しましょう。
C１：二つの言葉を選んで文章を書く活動は楽しかったです。
C２：「いつ」「だれが」などに気を付けると，文章が分かりやすくなりました。
C３：まったく関係がないような言葉でも，意外なお話を書くことができました。

児童の作文

> ## column
> ### 作文は語彙力だけか？
>
> 　「わくわく作文塾」で実際に見た例です。ある子供が，「お父さんとバーベキュー」という題で作文を書き始めました。一般的には，「バーベキュー」と書きそうなものです。そして，そうした作文は「夏休みに，バーベキューをしました。とっても，楽しかったです。」で終わることが多いようです。
>
> 　そんな場合，担任は「バーベキューしてどう思った？」と尋ね，子供が「楽しかった」と答えると，「そうか。では題名を『楽しかったバーベキュー』としたら？」と提案し，さらには『『楽しかった』様子を思い出そう，どんな音がしたの，においは，味は？」という質問を行いがちだと思います。そして，先ほどの文章は「夏休みに，バーベキューをしました。肉がジュージューと焼け，煙がもくもくと立ちました。みんな，にこにこしていました。」というように，言葉がたくさん使われる文章に変わっていく……。これはこれで，大切な指導だとは思いますが，何か教師の「誘導」という感じがして，私自身はあまり好きではなかったです。そこで，この「〇〇と△△」という，事象の認識の仕方を指導することを思い付き，実践を重ねていました。
>
> 　そんなとき，冒頭の「お父さんとバーベキュー」という作文に出逢ったのです。その作文の書き出しは，次のようなものでした。
>
> 　「夏休みに，バーベキューをしました。お父さんが大好きだったバーベキューです。おとうさん，そこからみんなが見えますか。」
>
> 　この作文には，「ジュージュー」や「もくもく」はありません。語彙の面からいえば，簡易な言葉を並べているに過ぎません。しかし，私は，思わずこの作文の前で立ち止まってしまいました。作文は語彙力だけでなく，事象（この場合はバーベキュー）をいかに認識するかが，とても重要であることを，この子供から教えてもらった気がしました。
>
> 　　　　　　　　　　　　　　　　　　　　　　　　　　　　　　　　　　　　（原田義則）

① 着想 → ② 構想 → ③ 構成 → ④ 記述 → ⑤ 推敲

2 私のちょっとした秘密を紹介します
― 「題材」が思い付かない子供のために ―

【対象】全学年　【準備物】特になし
【必要時間】45分（低学年対象の場合）〜30分（高学年対象の場合）

1 使用するワークシート （資料編 P.114）

【ワークシートの特徴】
・書くことが決まらない場合は、このシートを使いましょう。
・相手意識を持たせて書くことができます。
・「ちょっとした秘密」とすることで、子供同士の対話が進みやすくなります。

2 授業の進め方（低学年の場合）

過程	進め方	「選択」と「対話」	時間
(1)教師による説明	①ワークシートを使った一斉指導 ・教師が本ワークシートを使ったモデル文を提示する。 ・その後、だれに、どんな「ちょっとした秘密」を教えたいか考えさせる。 （例）秘密：逆上がりの練習をしていること 　　　相手：友達（〇〇くん）	【自分で選択】 自分の生活を想起し、まだだれにも言っていないちょっとした秘密を選択させる。	15分
(2)児童の言語活動	②ワークシートを使った交流活動 ・ワークシートに記入後、友達と紹介し合う。	【友達と対話】 作文を紹介して感想を述べ合う。	25分
(3)教師と一緒に振り返り	③ワークシートを使った振り返り ・作文の題名と主題（言いたいこと・作文全体のキーワード）との関係について、教師と一緒にまとめていく。	【自分と対話】 題名と主題の関係、キーワードの結び付け方などについてまとめ、自分の作文に活かしていけることを確認する。	5分

3 授業の実際

(1)教師による説明（15分）

説明のポイント

ア　知っているお話で，ちょっとした秘密を持っている登場人物のことについて話をする。
　（例：ドラえもんは，たぬきではなく，ねこ型ロボットであり，しっぽをひっぱると停止する。／サザエさんの旦那さんであるマスオさんは，大阪出身である。）
イ　教師が，本ワークシートを使って書いたちょっとした秘密の話を紹介する。
ウ　感想を交流し，自分たちも書きたいという思いを持たせる。
エ　だれに伝えたいかを決める。
オ　自分の生活経験を振り返り，相手に伝えたい内容を考える。（**自分で選択**）
カ　教師は，机間指導しながら，プライバシーに配慮したほうがよい表現等ないか，確認する。

授業の実際

T　：みんなが知っている絵本やアニメの登場人物について，こんなちょっとした秘密，知っているかな。
　（T：ドラえもんの例／サザエさんの例）
C１：知っている。ドラえもんはねずみに耳をかじられたから，青くなったのだよ。
C２：マスオさんが大阪出身というのは，初めて知ったよ。大阪弁で話すこともあるのかな。聞いてみたいな。
（以下，次々と子供たちが感想を述べる。）
T　：先生にも，この登場人物たちと同じように，あんまり人に言ったことはないけれど，ちょっとした秘密があるんだ。
（教師のモデル文を読む。肝心なところで止まる。）
C３：続きが気になるよ。教えて。
C４：なんだかわくわくするね。ぼくにも書けそうだな。
T　：お，みんなにも，ちょっとした秘密があるの。
C５：あるよ。大きな声だと恥ずかしくて言えないけれど。先生みたいに，書いてみたいな。
T　：それでは，今から先生が書いたものと同じワークシートを配ります。「ちょっとした秘密」だからね。「ちょっとした」だよ。どんな秘密が出てくるのかな。
C６：なんだかわくわくしてきた！

(2)児童の言語活動（25分）

言語活動のポイント

ア　子供が選択した自分だけの「ちょっとした秘密」について書いた文章を友達に紹介する。
イ　お互いの「ちょっとした秘密」について質問や感想を述べ合う。（**友達と対話**）
ウ　表現についてアドバイスし合ったり，別の友達と交流したりする。

授業の実際

T　：みんな「ちょっとした秘密」について，文章が書けたかな。では，書いた秘密をいろんな友達に紹介してみよう。聞く人は，あとでよかったところや面白かったところなど感想を述べたり，もっと詳しく聞きたいことについて質問してみよう。ただし，「ちょっとした秘密」なので，相手があまり言いたくないときは，無理に聞かないであげましょうね。

C1：ぼくの「ちょっとした秘密」を紹介します。この前，学校から帰っている途中，とても暑くてメガネをはずしたんだ。そして歩道を歩いていたら，メガネを車道に落としてしまって，ちょうど通った車が踏んでしまって，ぼくのレンズが壊れてしまったんだ。家に帰ったら，お母さんに怒られてしまったよ。だれにも言わないでね。ちょっとしたぼくの秘密でした。

C2：だから，今日は新しいメガネになっているのだね。メガネが壊れてしまったあと，歩いて帰るのは怖くなかったの。

C1：少し怖かったけれど，一緒に歩いて帰っている友達がいたから，へっちゃらだったよ。でも，もし一人だったら，怖くてゆっくりゆっくり歩いたかもしれないなあ。なんだか，ぼくにとってメガネって，体の一部になっている気がしたよ。

C2：そのことも，続きの文章として書いたらどうかな。「体の一部」って聞いて，なるほどと思ったよ。

C1：そっか。やってみよう。ありがとう〇〇さん。

C2：こちらこそ，〇〇くん「ちょっとした秘密」を教えてくれてありがとう。今度は，私の「ちょっとした秘密」を教えるね。

C1：「ちょっとした秘密」ってどきどきするなあ。聞く方も楽しくなるね。

(3)教師と一緒に振り返り（5分）

まとめ方のポイント

ア　振り返りのポイントとして，内容と形式の両面から自分や友達の文章を振り返ることができるようにする。

イ　教師のまとめとして，日記や作文などで，「書きたいことが見つからない」場合，自分の「ちょっとした秘密」について，どんなことなのか，どうして秘密なのかを考えて書くとよいことを確認させる。

授業の実際

T　：今日の学習を通して，思ったことを発表しましょう。

C１：「ちょっとした秘密」を聞くことができて，なんだかうれしかった。

C２：友達が「その後どうなったの。」とか「詳しく教えて。」と言ってくれたから，「あ，こういうところを書けばいいのだな。」ということが分かりました。

C３：まだまだ書きたい「ちょっとした秘密」がたくさんあります。日記にも書いてみたいです。

それはね、二年のとき、帰り道あつくてメガネをはずして歩いていたらおとしてしまって、車にふまれてしンズがいわれてしまったんだ。その後、お母さんにおこられてしまったんだ。だれにも言わないでね。

それはね、かならずいもうとといっしょにいるとき一日一回はケんかをする。なんのケンカかというと、ふとんのとりあい。まくらをブーメランがわりにして、まくらをないてのかおにあてたらふとんをもらう。

児童の作文

| ① 着想 | → | ② 構想 | → | ③ 構成 | → | ④ 記述 | → | ⑤ 推敲 |

3 「私の大切なものを教えます」
ワークシートでみんなに紹介しよう
―「題材」が思い付かない子供のために―

【対象】 全学年　【準備物】 自分の宝物
【必要時間】 30分（低学年対象の場合）〜20分（高学年対象の場合）

❶ 使用するワークシート（資料編 P.115）

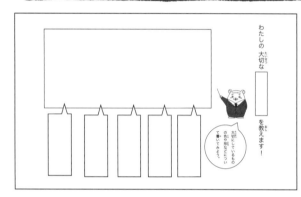

【ワークシートの特徴】
・友達に自分の大切なもの（宝物）を紹介したいときにこのワークシートを使いましょう。
・大切なものの色や形，大切な宝物になった理由を整理し，表現することができるワークシートです。
・子供はこのワークシートを書くことを通して，自分の伝えたいことを明確にしたり整理したりして紹介することができます。

❷ 授業の進め方（低学年の場合）

過程	進め方	「選択」と「対話」	時間
(1)教師による説明	①ワークシートを使った一斉指導 ・自分の宝物について，自慢できるところを友達と話し合わせる。	【友達と対話】 　自分の宝物について，どんなところを自慢したいか色や形，手ざわりなどについて話し合う。	5分
(2)児童の言語活動	②全体での共有 ・友達と話し合った自分の宝物の特徴について全体で共有する。	【全体で対話】 　宝物を自慢するときに話したことについて全体で共有する。	5分
	③ワークシートを使った書く活動 ・友達に伝えたい工夫や自分の宝物のすごいところをワークシートに記入する。	【自分で選択】 　宝物の特徴や，宝物になった理由などの観点を選択しながら書く。	15分
(3)振り返り	④ワークシートを使った振り返り ・「1・1・1」の観点に沿って振り返る。	【自分と対話】 　書いたワークシートを見直し，色や形，理由が書けているか，次に活かしたいこと等を確認する。	5分

❸ 授業の実際

(1)教師による説明（5分）

> 振り返りのポイント

ア　これまでの生活科の学習（あさがおの観察）などで、どんなことに気を付けて観察していたか想起させ、ものを紹介するための視点を振り返ることができるようにする。

イ　「みんなには、友達に教えてあげたい自分だけの宝物がありますか。」と、問うことで自分の宝物について想起させ、他者に伝えたいという意欲を持たせるようにする。

ウ　宝物について「聞きたい」ことは「友達に伝えたいこと」につながることを対話を通して実感させる。（**友達と対話**）

> 授業の実際

T　：これまで、生活科の学習であさがおなどの観察をしてきましたね。観察するときにはどんなことに気を付けていましたか。
C１：色や形。
C２：手ざわり。
T　：そうでしたね。それでは、みんなが持ってきている宝物について教え合うときにもこのことは使えそうですね。
C３：ふわふわとか、つるつるとかね。
T　：では、自分の宝物を色や形などに気を付けて、隣の友達と話し合ってみてください。

(2)児童の言語活動
○全体での共有（5分）

> 共有する際のポイント

ア　話し合ったことを基に、自分の宝物について、宝物の特徴を入れながら発表させる。

イ　全体で共有した際、色や形などの特徴と、宝物になったエピソード（思い出）を整理しながら板書する。

ウ　もっとよく自分の宝物について教えるためには、色や形などと特徴だけでなく宝物になったエピソードを入れるとよいことに気付かせるようにする。

授業の実際

T ：では,話し合って出たことを発表してください。
C4：ぼくの宝物は,恐竜です。色は青と黒色です。好きなところは,遊べるところです……。
C5：ぼくの宝物は,しろくまちゃんです。さわったらふわふわでした……。
C6：私の宝物は,バッグです。色は赤色です。6歳のとき,おばあちゃんにプレゼントしてもらいました。
T ：友達の発表を聞いたり,自分の発表と比べたりして,気付いたことはありますか。
C7：○○さんの発表には,宝物になった理由が入っていました。
C8：色とか形だけでなく,思い出も入れるといい発表になると思います。

○ワークシートを使った書く活動（15分）

言語活動のポイント

ア　宝物について友達と対話したことや全体で共有したことの中から自分が伝えたいことを選択させる。
イ　宝物の特徴や宝物になった理由などから伝えたい観点を選択させ,宝物の特徴と宝物になった理由をセットで話すことができるようなメモにする。

授業の実際

T ：自分の宝物について友達に伝えるためには,色や形だけでなく,宝物についての思い出を加えると,よりよい発表になりそうですね。ワークシートの吹き出しに,色や形,さわった感じなどの他に,宝物になった理由（いつ,どこで,だれと）も入れて書いてみましょう。
C9：1回目に発表したときは,しろくまちゃんをさわったことしか発表できなかったから,おばあちゃんの家に遊びにいったときのことを入れてみよう。友達の発表を聞いたおかげでいい発表になりそうだな。
C10：私はディズニーランドに行って買ってもらったことだけでなく,寝るときも一緒だということも書いてみようかな。
T ：宝物の色や形だけでなく,宝物になったきっかけについて書くと,よりよい発表になりますね。

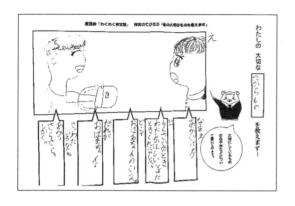
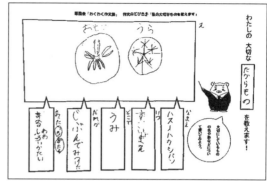

(4)振り返り（5分）

振り返りのポイント

ア　振り返りのポイントとして，「1・1・1（ワン・ワン・ワン）」※のような観点を示す。

イ　教師のまとめとして，自分の宝物や何か大切なものについて伝えたいときには，今日の活動のように，ものの特徴（色や形，手ざわりなど）だけでなく，宝物になった理由（思い出）などを入れると，相手により自分の宝物について分かってもらえることを確認させる。

授業の実際

T　：みなさん，ワークシートは書けましたか。今日学習した書き方を振り返ってみましょう。
C11：宝物を見て分かることだけじゃなくて，思い出も書けたよ。
C12：色や形，宝物になった理由を分けて書くと，発表しやすくなるな。他の紹介文を書くときにも，友達とたくさん話をしてから書くと，友達に伝えたいことが伝わるいい発表になりそうだな。
T　：今日の学習は国語の時間だけでなく，図工で自分の作品を紹介するときや生活科で発見したことや生き物などを観察するときにも使えそうですね。

※「1・1・1（ワン・ワン・ワン）」はR.リチャート，M.チャーチ，K.モリソン著　黒上晴夫，小島亜華里訳『子どもの思考が見える21のルーチン　アクティブな学びをつくる』（北大路書房，2015）を参照して，稿者が小学校用に作り替え，2016年より原国会で推進している方法。各教科の授業末において，「分かったこと」「質問したいこと」「今後活かしたいこと」（＝1・1・1）の観点から，授業内容を振り返り，考えた内容のキーワードだけノートに記させ，毎時間のポートフォリオとして蓄積させていく。三つの観点を同時に考えさせてもよいが，学年によっては，毎時間どれかの観点を選択させて書かせていくのもよい。

① 着想 → ② 構想 → ③ 構成 → ④ 記述 → ⑤ 推敲

4 「あのね聞いて」ワークシートでみんなに紹介しよう
― 「題材」が思い付かない子供のために ―

【対象】 全学年　【準備物】 自分のつくった作品（図画工作科，生活科など）
【必要時間】 30分（低学年対象の場合）～20分（高学年対象の場合）

❶ 使用するワークシート （資料編 P.116）

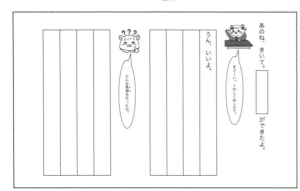

【ワークシートの特徴】
・友達に自分がつくった作品や遊んでみて気付いたことなどを紹介したいときにこのワークシートを使いましょう。
・自分の気付きや工夫，そのときの気持ちを整理し，表現することができるワークシートです。
・子供はこのワークシートを書くことを通して，自分の書きたいことを明確にしたり整理したりして紹介することができます。

❷ 授業の進め方（低学年の場合）

過　程	進　め　方	「選択」と「対話」	時間
(1)教師による説明	①ワークシートを使った一斉指導 ・凧づくりのときに工夫したところや，すごいところはどこなのかについて友達と話し合う。	【友達と対話】 　凧にどんな工夫をすれば，よく揚がったかや自分の凧のすごいところを話し合う。	5分
(2)児童の言語活動	②全体での共有 ・友達と出し合った凧づくりについての工夫を全体で共有する。	【全体で対話】 　自慢の凧，つくるときに工夫したことについて全体で共有する。	5分
	③ワークシートを使った書く活動 ・友達に伝えたい工夫や自分の凧のすごいところをワークシートに記入する。	【自分で選択】 　友達につくり方の工夫，自分がつくった凧のすごいところのどちらを紹介するか選択して書く。	15分
(3)振り返り	④ワークシートを使った振り返り ・「1・1・1」の観点に沿って振り返る。	【自分と対話】 　書いたワークシートを見直し，すごさや工夫，理由が書けているか，次に活かしたいこと等を確認する。	5分

❸ 授業の実際

(1)教師による説明（5分）

振り返りのポイント

ア　生活科で初めて凧づくりをしたときになかなか揚がらなかった経験を思い出させることで、その当時の気持ちやもっと高く揚げたいという願いを持っていたことを想起することができるようにする。

イ　作品について「聞きたいこと」は「友達に伝えたいこと」につながることを対話を通して実感させる。（**友達と対話**）

ウ　初めてつくったときとつくり直したときと比較して、どのような工夫をしたのか、その結果凧は揚がるようになったのかを視点に話し合うことができるようにする。

授業の実際

T　：この前、生活科で凧を揚げにいきましたね。高く揚げることができましたか。
C1：いいえ。くるくる回ってすぐに落ちてしまいました。
C2：ぼくのは、友達と糸が絡まってたくさん遊ぶことができませんでした。
T　：そうでしたね。それでみなさんは、凧をもう一回つくり直して揚げてみましたね。そのときはどうでしたか。
C3：ぼくの凧は前より揚がるようになったよ。
C4：私も。うれしかったな。
T　：では、つくり直したときにどのような工夫をしたのか、隣の友達と話し合ってみてください。

(2)児童の言語活動
〇全体での共有（5分）

共有する際のポイント

ア　話し合ったことを基に、どのような工夫をしたのか、自分の凧の自慢のポイントはどこなのかを

発表させる。
イ　全体で共有した際，自慢のポイントなのか，工夫したポイントなのかを整理しながら板書する。
ウ　もっとよく揚がる凧をつくるためにつくり方を工夫したときに，友達や先生のアドバイスから気付いたのか，自分で試行しながら気付いたのか想起させる。

授業の実際

T　：では，話し合って出たことを発表してください。
C5：私は，この糸を結ぶ場所を真ん中になるように変えました。そうしたら，長く凧を揚げることができるようになりました。
C6：ぼくは糸が絡まったから，糸を短く出して揚げるようにしました。そうしたら風を受けた感じが伝わって楽しかったです。
C7：私は，しっぽをつけてみました。なんか風になびいてかっこよくなりました。色もきれいにぬりました。

○ワークシートを使った書く活動（15分）

言語活動のポイント

ア　作品について友達と対話したことや全体で共有したことの中から自分が一番伝えたいことを選択させる。
イ　工夫したこと，自分の凧のすごいところという視点から選択させ，その理由やそのときの気持ちを丁寧に書かせる。

授業の実際

T　：みなさん凧を高く揚げるために，いろいろな工夫をしたり，かっこいい凧にするためにデザインを考えたりしているようですね。ワークシートの一つ目のところに工夫や自分の凧のすごいところを紹介する文章を書きましょう。
C8：友達によく揚がるようになった凧のことを紹介したいから，工夫したところを書こう。友達がよく揚がる凧のつくり方を教えてくれたおかげだったな。

C9：ぼくはつくった凧の自慢を書こう。龍の絵を描いてかっこよくなったし，しっぽにも色を丁寧にぬったから目立つぞ。家族にも見せて，公園で遊びたい。

T ：ワークシートの二つ目の欄には，そのときの気持ちを書きましょう。理由も書けるといいですね。

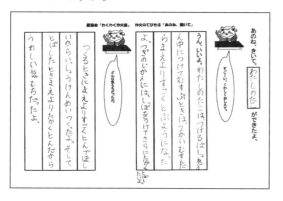
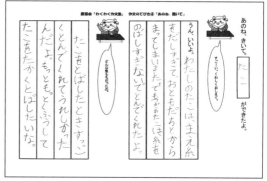

(4)振り返り（5分）

振り返りのポイント

ア 振り返りのポイントとして，「1・1・1（ワン・ワン・ワン）」※のような観点を示したい。

イ 教師のまとめとして，図画工作科で作品をつくったり生活科でおもちゃを作成したりつくり直したりしたときに，今日の活動のように，自分の工夫を紹介する際は，友達が知りたいこと，自分が伝えたいことを焦点化させることができるように対話を工夫することが大切だということを確認させる。また，その工夫を表現する際には，工夫の結果，理由，気持ちなどを書くとよいことを確認させる。

授業の実際

T ：みなさんワークシートは書けましたか。今日学習した書き方を振り返ってみましょう。

C10：工夫したことだけじゃなくて，だれからそのヒントをもらったか書けたよ。図工で絵を描いたり工作をしたりするときにも使えそうだな。

C11：自分の工夫をたくさん書くことができたから，友達に発表したいな。他の紹介文を書くときにも，友達とたくさん話をしてから書くと，いろいろなことを思い出したり書くことが広がったりしそうだな。

T ：生活科だけでなく，図工で自分の作品を紹介するときや国語で本を紹介するときなどに使えそうですね。工夫やすごいところをたくさん見つけて書くことができました。

※47ページを参照。

| ① 着想 | → | ② 構想 | → | ③ 構成 | → | ④ 記述 | → | ⑤ 推敲 |

○○さんへ，手紙を書こう
― 「題材」が思い付かない子供のために ―

【対象】 全学年　　【準備物】 特になし
【必要時間】 30分（低・中学年対象の場合）〜20分（高学年対象の場合）

1 使用するワークシート（資料編 P.119）

【ワークシートの特徴】
・書くことが決まらない場合はこのワークシートを使いましょう。
・普段会えない「○○さん」という相手を設定し，知らせたいことを手紙で書きます。
・明確な相手意識を持たせることで，子供は身の回りから題材を探したり，伝えたい内容を考えたりすることができます。

2 授業の進め方（低学年の場合）

過　程	進　め　方	「選択」と「対話」	時間
(1)教師による説明と対話（バズセッション）	①ワークシートを使った一斉指導 ・「手紙を書きたい普段会えない人はだれか」「どんなことを教えたいか」をテーマに，自由に発言するバズセッションを行う。 ・友達と自由に話しながら，考え付いた「相手」や「内容」をワークシートの中央の吹き出しの部分に書き込ませる。 ・書き込んだ相手と内容を発表させ，学級全体で交流する。	【友達と対話】 　ワークシートを持って自由に立ち歩きながら友達と対話させる。 【学級全体で対話】 　吹き出しの部分に書き込んだ教えたい内容を発表させる。	10分
(2)児童の言語活動	②ワークシートを使った書く活動 ・子供は四つの教えたいことをワークシートの吹き出し部分に書く。四つの中から一つを選択させる。 ・手紙形式で相手に教える短い文章を書かせる。	【自分で選択】 　伝えたい相手を意識させながら，教えたい内容を一つ選択させる。	15分
(3)教師と一緒に振り返り	③ワークシートを使った振り返り ・書いた手紙をお互いに発表し合う。 ・相手と手紙の内容との関係について，教師と一緒にまとめる。	【自分と対話】 　伝える相手と内容の関係についてまとめ，今後の作文や日記，手紙に活かしていけることを確認する。	5分

3 授業の実際

(1)教師による説明と対話（10分）

説明のポイント

ア　普段会えない人・知らせたいことを，自由に立ち歩いて二〜三人で対話するバズセッションを行わせることによって想起させる。

イ　手紙を書きたい普段会えない人を，ワークシート中央の◯部分に書き，知らせたいことを吹き出しの▭部分に書くよう説明する。

ウ　学級全体で発表し合わせることで，伝えたい相手と内容をさらに想起させる。

授業の実際

T　：みなさん，普段は会えないけどたくさん話したいなあと思う人はいますか？
C１：いる！　いる！
T　：C１さんはいる！　C２さんは？　どう？
C２：いると思うんだけど。ちょっとすぐには思い出せない。
T　：じゃあさ，今から，自由に歩いて友達とたくさん話しましょう。話していて思い出したら，その人をワークシートの真ん中の◯のところに書いてね。知らせたいことは吹き出しの中の▭のところに書いてね。では，始めよう。

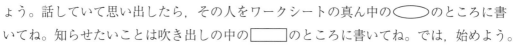

子供たちの記述した相手・内容

相手	・単身赴任中の父親　・県外，外国に住む友達 ・幼稚園のときの友達　・県外に住む祖父母 ・いとこ　・三島村立竹島小学校の友達
内容	【自分の成長について】 　・足が速くなった　・ドッジボールが上手になった　・水泳のテストで進級できた 【自分ががんばっていることについて】 　・鉄棒の逆上がりの練習 【学級・学校のよさについて】 　・避難訓練でだれも話さない　・学級会 　・学級目標　・図書室について　等 【鹿児島県のよさについて】 　・水族館　・動物園　・せごどん　等

(2)児童の言語活動（15分）

言語活動のポイント

ア　四つの「内容」から，普段会えない「相手」に知らせたいことを一つだけ選ばせる。その際には，その「相手」になぜその「内容」を伝えるのかという理由を話し合う場を設定する。
イ　選んだ「内容」の何を伝えたいかを吹き出しの中に書かせる。
ウ　選んだ「内容」を知らせる手紙を書かせる。

授業の実際

（「相手」と「内容」を全体で発表し合った後）

T　：では，四つの中から普段会えない人に一番知らせたいことを選びましょう。もう決まっているよっていう人いますか？
C1：はい。ぼくは「水族館」のことを知らせたいと思います。
T　：どうしてかな？
C1：あの，ぼくは熊本県の従兄に書こうと思っているんですけど，熊本県だからきっと鹿児島水族館のことを知らないと思うので……。
T　：なるほど。「相手」のことを考えると知らせたいことが決まるんだね。じゃあ，何を知らせるか決めたら，赤丸をつけましょう。そして，吹き出しの中に知らせたいことを書きましょう。

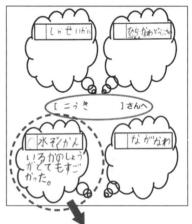

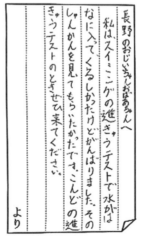

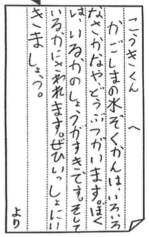

いとこの はると くんへ

はると くん元気ですか。ふぞくへの朝には、さわやかタイムがあり主にさわやかタイムこうていを七分間はしります。一年生のころは、六じゅうやむしゅうしれ走しんでしたでも毎日一生けんめいはしったら足が早くなりました

より

お父さんへ

元気ですか。お父さんがせおよぎを教えてくれたおかげで七級になるための進級テストが合かくしました。いつもおしごとがんばってくれてありがとう。今ど帰ってきたらマッサージをするね。

より

ようちえんの友だちのすわらいえへ

ぼくはようちえんのころはやい玉をなげることができなかったけど、でったいできるようになる。うをしてできるようになったらよかったと、いう気もちになって、うれしいのでらいとくんもあきらめないでやってみてください。

より

（それぞれが「選択」した後）

T ：では，いよいよ手紙を書いてみましょう。

(3)教師と一緒に振り返り（5分）

まとめ方のポイント

ア 書いた手紙形式の文章を互いに読み，感想を伝え合わせる。

イ 子供たちの感想を基に，文章を書く際には読む「相手」のことを考えて，「内容」を変えたり，表現を変えたりすることを，大切な本時の学びとしておさえる。

ウ 本時の学びが，今後，どのようなときに活かせるのかを考えさせる。

授業の実際

（お互いに読み，感想を伝え合った後）

T ：では，お互いに読み合った感想を発表してください。

C1：はい。あのC2さんが，単身赴任だっけ？ それで働いているお父さんに手紙を書いていたんですけど，その中で，「ありがとう」って書いていたのがいいと思いました。

T ：C2さん，C1くんが褒めてくれたね。どうして「ありがとう」って書いたの？

C2：お父さんは県外で働いていて，いつも「ありがとう」を伝えられないから……。

T ：単身赴任でがんばっているお父さんだったから，「ありがとう」という気持ちを知らせたかったんだね。

| ①着想 | → | ②構想 | → | ③構成 | → | ④記述 | → | ⑤推敲 |

6 思い出の写真から
― 「題材」が思い付かない子供のために ―

【対象】 全学年　【準備物】 写真
【必要時間】 40分（低学年対象の場合）～20分（高学年対象の場合）

1 使用するワークシート（資料編 P.120）

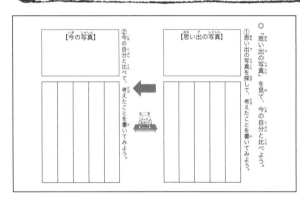

【ワークシートの特徴】
・思い出の写真と今、二つを比較することのできるワークシートです。
・過去の思い出の写真の事実やそのときの状況を振り返ることで、今の自分の成長や心の変化に気付くことができます。

2 授業の進め方（低学年の場合）

過程	進め方	「選択」と「対話」	時間
(1)教師による説明	①ワークシートを使った一斉指導 ・思い出の写真を見て、「何歳ごろの写真か」「どこで撮った写真か」「何をしているところか」を書かせる。また自分にしか書けないエピソードも書かせる。その他にもそのときの表情やそのときの気持ちなどを想起させながら、書かせていく。 ・2枚の写真を比較させながら、変わったこと、変わっていないことなどを書くことができるようにする。	【自分と対話】 　過去の写真を見て、「いつ」「どこで」「何をしているところか」という観点で書かせる。	10分
(2)児童の言語活動	②ワークシートを使った交流活動 ・思い出の写真と今の自分の写真の2枚とワークシートBの部分を紹介していく。その紹介に対して小グループで意見を出し合う。	【友達と対話】 　二つの写真を比較することにより、文章とそれ以外のものについても感想を述べることができる。	20分
(3)教師と一緒に振り返り	③ワークシートを使った振り返り ・2枚の写真と文章を使った対話について、教師と一緒にまとめる。	【自分と対話】 　対話から再度2枚の写真を比較し、自分の成長について気付きを深めることができる。	10分

３ 授業の実際

(1)教師による説明（10分）

説明のポイント

ア　思い出の写真から分かること（だれが見ても分かること）・自分だけに分かること（そのときのエピソードなど）があることをおさえる。事実と意見を分けて書くことの基礎づくりができるようにする。

イ　思い出の写真・今の自分の写真の２枚を比較することで違いに気付くことができるようにする。

授業の実際

T　：思い出の写真はいつ（どこで）何をしている写真ですか。
C１：１年生の入学式の日に，学校で撮った写真です。門の前でお母さんと写真を撮りました。
C２：幼稚園のときの運動会でかけっこをしているときの写真です。
T　：思い出の写真を見て，どんなことを思い出しますか。
C１：お母さんと一緒に写真を撮れてうれしかったなあ。
C２：この後，転んでしまって泣いてしまったのを覚えているなあ。
（今の写真においても，「いつ・どこで・何をしている」写真か，そのことからどんなことを思い出すかという観点を与えることができるようにする。）

T　：今，話したことをワークシートに書いていきましょう。（Aの部分に記入をする。）
（２〜３分）

T　：では，２枚の写真を比べて，違うこと・変わらないことはなんでしょうか。今，自分が気付くものを書いていきましょう。（Bの部分に記入をする。）
（２〜３分）

T　：では，今書いた部分について，みんなで交流をしながら，変わっていること・変わらないことについて話し合っていきましょう。

(2)児童の言語活動（20分）

言語活動のポイント

ア　児童が作成したワークシートの内容から「いつ・どこで・何をしている」写真か理解した上で，その写真から分からない内容について質問をしたり，自分にはこんな風に見えるということを伝えたりする。

イ　1枚ずつ写真を見ていきながらも，2枚の写真とその文章を比較することができるようにする。

ウ　一人一人のワークシートについて，繰り返す。全員の写真について対話ができるように，時間を区切って行うようにする。

授業の実際

T　：それでは，みんなが書いたものを読んでいきましょう。

C1：ひろとくんのものから読んでいこう。

C2：思い出の写真では，あや跳びができるようになってうれしそうだね。今は，何回ぐらいできるの。

ひろと：あのときは，やっと1回できるかできないかくらいだったけれど，今は10回できるようになったよ。

C3：すごいね。それは変わったことだね。変わらないことってある？

ひろと：そうだなあ。練習をがんばっていることは変わらないかなあ。

C4：いつも休み時間にひろとくん，がんばっているもんね。

ひろと：あっ。あのときは，体育の授業中しか練習していなかったけど，できるようになったら楽しくなってきて，今では休み時間にもするようになったんだった。

C5：それは，変わったことになるね。

T　：時間になりました。次の人のワークシートにうつりましょう。

　　（人数分繰り返す）

(3)　教師と一緒に振り返り（10分）

まとめ方のポイント

ア　振り返りのポイントとして，

　　Ⅰ：この学習を通して，どんなことが分かったか

　　Ⅱ：友達のよかったところ

Ⅲ：活かせそうなところ
の三つの観点から一つ選択させ，振り返りをさせる。

授業の実際

T　：友達のワークシートを読んでみて，どんなことが分かりましたか。
C1：比べてみると，違いが分かる。
T　：そうですね。二つ写真があると，違いがよく分かったね。すごい。友達のよかったなあと思うことはありませんでしたか。
C2：ひろとさんが，話をしながら，自分の変わったことに気付いていてすごいなあと思いました。
ひろと：みんなと話しているうちに，またどんどん思い出してきて，ぼくも楽しかった。
T　：みんなで話していると一人では気付けないことにも気付けるのですね。これから，活かせそうなことはありませんでしたか。
C3：二つを比べてみたい。
C4：他の写真も比べて，違いに気付いてみたいなあ。

---

column

思い出を対話によって掘り起こす

　子供たちに作文の着想をさせるときに，よく日記を用います。いつ，どこで，だれが，何をして，どんなことを思った，といった大切な要素が含まれている場合が多いからだと考えます。

　しかし，日記を書くこと自体が苦手で，「今日は，○○をしました。楽しかったです。」という日記に終始している子供にとって，日記は作文を書く上での有効なアイテムにはなり得ません。

　そこで，私はよく，写真や思い出の品を友達に見せながら対話させていました。記念の写真や宝物になった由来等を友達に語りながら，作文の題材を見つけさせていくのです。その他，花丸をたくさん付けてもらった学習ノートや，スポーツや音楽関係でもらった賞状なども使わせました。「モノ」に詰まっている思い出を，対話によって掘り起こさせてみるのもいいと思います。

（原田義則）

| ① 着 想 | → | ② 構 想 | → | ③ 構 成 | → | ④ 記 述 | → | ⑤ 推 敲 |

友達のよさに目を向けて書こう
― 「題材」が思い付かない子供のために ―

【対象】 全学年　　【準備物】 特になし
【必要時間】 30分（低学年対象の場合）～15分（高学年対象の場合）

❶ 使用するワークシート （資料編 P.121）

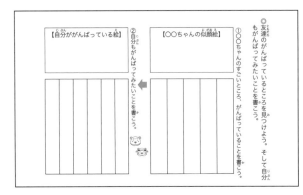

【ワークシートの特徴】
・「書くことが思い付かない」「何を書けばいいか分からない」とき，このワークシートを使いましょう。
・作文の題名を「〇〇ちゃん，すごいね！」と設定し，友達のよさに目を向けさせます。
・子供たちは，作文の種を見つける力を身に付けていくことができます。

❷ 授業の進め方（低学年の場合）

過程	進め方	「選択」と「対話」	時間
(1)教師による説明	①ワークシートを使った一斉指導 ・身の回りに「〇〇ちゃん，すごいね！」と思う友達はいないか考え，その中でも，「〇〇ちゃんが頑張っているから私も頑張ろう！」と思える友達を一人選ばせる。	【自分で選択】 　身近にいる友達で自分によい影響を与えてくれる友達について考えさせる。	5分
(2)児童の言語活動	・ワークシートを使って「〇〇ちゃん，すごいね！」と思う友達と自分の目標を書く。 ②ワークシートを使った交流活動 ・「すごいな。」「がんばっているな。」と思う友達について，口頭で友達に紹介する。	【友達と対話】 　友達の紹介について感想を伝え合う。	20分
(3)教師と一緒に振り返り	③ワークシートを使った振り返り ・作文の題名と主題（言いたいこと・作文全体のキーワード）との関係について，教師と一緒にまとめていく。	【自分と対話】 　よさを見つけて書くだけではなく，そのよさから自分の目標を立てて書くことで，子供たちの成長につながる。	5分

❸ 授業の実際

(1)教師による説明（5分）

説明のポイント

- ア 一週間前に簡単に内容を説明し，友達のよさに気付かせるようにする。
- イ 「○○ちゃん，すごいね！」と思う友達を思い浮かべさせる。
- ウ その中でも「○○ちゃんもがんばっているから，私もがんばろう！」と思える友達を一人決める。（**自分で選択**）
- エ 書く相手は隣の席の子やくじで決めるのでもよい。
- オ その子のどのような姿から自分の目標が生まれたのか考えさせる。自分の目標は友達の姿と関係のあるものにするように説明する。
- カ 友達のすごいと思うところを文にした後に，「○○ちゃん，すごいね！」と思う友達の姿を絵にする。絵を先に描かせ友達の姿をイメージさせるのでもよい。

授業の実際

T ：みなさんに質問です。「○○ちゃん，すごいね！」と思う友達はいますか？　何人くらいいますか？

C1：五人いるよ！

C2：たくさんいるよ。

（以下，多くの子供たちが発表。）

T ：「すごいな」「がんばっているな」と思う友達はたくさんいるんだね。では，その中で「○○ちゃんがんばっているから，私もがんばろう！」と思う友達はいますか。

C3：うーん……，あ！　いるいる！

T ：「○○ちゃんががんばっているから，私もがんばりたい」と思う友達，先生に教えてくれる？　そして，みんなが「がんばろう！」と思ったことも教えて。では，手元のワークシートを使って，やってみましょう。ワークシートを見てください。

T ：では，左側にはすごいなと思う友達やがんばっている友達を書いてください。できるだけ，がんばっている様子を詳しく書きます。文と絵はどちらから書いてもかまいません。

そして，そのあとに自分の目標を書きます。目標は「友達ががんばっているから，私もがんばりたい！」と思ったものにしましょう。

(2)児童の言語活動（20分）

<u>言語活動のポイント</u>

ア 「○○ちゃん，すごいね！」という題に沿って，作文を書かせる。一週間程度前に伝えておくと，その期間に友達のよさに気付くことができる。

イ 友達の姿と自分の目標をうまく関連付けられる表現「○○ちゃんのように～」「○○ちゃんみたいに～」「○○ちゃんがんばっているから～」などの使ってほしい表現は称賛し，取り上げる。

ウ 「○○ちゃん，すごいね！」と思う友達について書いたことや，自分の目標について口頭で紹介し，感想を述べ合う。直接相手に伝えてもよい。直接相手に伝えることで，自己肯定感が高まる。（<u>友達と対話</u>）

<u>授業の実際</u>

T ：それでは，みんなが書いたものを読んでいきましょう。
C1：のんかさんのものから読んでいこう。
C2：のんかさんはしょうたくんのことすごいなあと思ったんだね。
C1：あ～！ ぼくも同じこと思ったことあるよ！

のんか：うん。しょうたくんはいつも，明るいでしょ？ それに入学したときから返事が大きいのがすごいなあと思ったの。
C2：確かに健康観察の「はい，元気です！」もクラスで一番大きな声で言えているよね。
C1：うんうん。それにしょうたくんは優しいよね。意地悪なこととか言わないし。みんなに優しい！
のんか：そうだね！ しょうたくんみたいに優しくもなりたいな。
C1：のんかさんは，がんばっているしょうたくんを見て，どんなことをがんばろうと思ったの？
のんか：私はあまり大きな声で返事ができないから，まずは，大きな返事ができるようになりたいな。それから，明るいだけじゃなくて優しくもなりたい。
C2：大きな返事ができると，自然と明るくなれそうだよね。
（人数分繰り返す。）

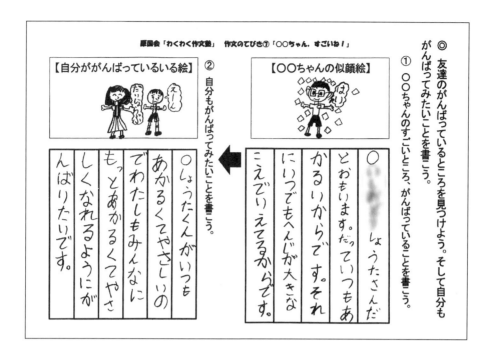

(3)教師と一緒に振り返り（5分）

まとめ方のポイント

ア　振り返りのポイントとして，
- 今日の活動で，どんなことが分かったか
- 友達のよさに気付けたか
- 活かせそうなところはないか

の三つの観点から振り返る。

授業の実際

T　：今日の活動でどんなことが分かりましたか。
C１：友達ががんばっているから，私もがんばりたいことができたんだと気付けた。
C２：友達ががんばっているから，私もがんばりたいと思ったんだと気付けた。
C３：私ががんばっていることを書いてくれてうれしかったし，それを見てがんばりたいと思ってくれたのがうれしかった。
T　：みんなは友達のいいところにも気付くことができたんだね。
C４：○○さんが書いた文を読むと，私が今まで気付かなかった友達のがんばっていることも知れた。
T　：今日の学んだことをどこかで活かせないかな。
C５：自分ががんばりたいことだけではなくて，どうしてがんばりたいと思ったのか書けそう。

| ① 着 想 | → | ② 構 想 | → | ③ 構 成 | → | ④ 記 述 | → | ⑤ 推 敲 |

8 私の家の宝物を紹介しよう
― 「題材」が思い付かない子供のために ―

【対象】 全学年　　【準備物】 特になし
【必要時間】 45分（低学年対象の場合）〜25分（高学年対象の場合）

1 使用するワークシート （資料編 P.122, P.115）

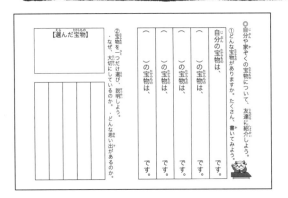
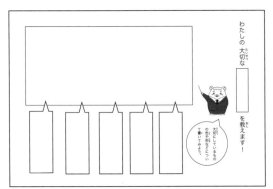

【ワークシートの特徴】
・各題材が見つからなかったり，どのように書けばよいのか分からなかったりする場合は，このワークシートを使いましょう。
・自分や他者との対話を基に，自分が大切にしている宝物を紹介するために，大切にしている理由などを書いていくワークシートです。
・子供たちに書く楽しさを味わわせ，家庭や学校生活の中で感じたり考えたりしたことを比較し，関係付けながら課題を明確にできます。

2 授業の進め方（低学年の場合）

過程	進め方	「選択」と「対話」	時間
(1)教師による説明	①ワークシートを使った一斉指導 ・相手意識や目的意識を明確にしていくために，「私の家の宝物」というテーマを設定し，伝えたい「宝物」を決める。	【自分で選択】 　事前に考えたり聞いてきたりした「宝物」から，紹介したいものを選ぶ。	10分
(2)児童の言語活動	②ワークシートを使った交流活動 ・伝えたい「宝物」が決まったら，吹き出しの中に，実際に自分が体験したことや感じたこと，考えたことなどを思い出して書き込んでいく。 ・グループ学習で，他者の「大切な宝物」を交流し，どのような視点で考えているのか，互いの表現のよさを感じ取らせる。	【友達と対話】 　書き込みが終わったら，他者との交流で，大切な宝物への思いを伝え合い，なぜ，宝物にしているのか理由を説明していく。	20分
(3)教師と一緒に振り返り	③ワークシートを使ったまとめ ・自分との対話，他者との対話を通して，考えを再構築したことを基に，大切な宝物を紹介するために，宝物にしているわけや，大事にしていることを詳しく書いていく。	【自分と対話】 　題材を基にして，書く事柄を整理して，「大切にしているもの」「大切にしている理由」「これからどうしていきたいのか」という順序でまとめる。	15分

3 授業の実際

(1)教師による説明（10分）

説明のポイント

ア 事前に、「私の家の宝物」を書くということを予告しておき、書くことに対して自分の考えや気持ちなどを温めておくようにする。
イ 「宝物」ということで、子供たちはモノに着目しがちだが、「家族」や「いのち」など、幅広い視点で考えさせる。
ウ 事前に考えたり聞いてきたりした「宝物」から、紹介したいものを選ぶ。（**自分で選択**）

授業の実際

T ：みんなには大切にしている宝物がありますね。どんな宝物がありますか。
C１：ぬいぐるみ。
C２：いのち。
（以下、多くの子供たちが発表。）
T ：多くの宝物がありますね。それでは今日はみんなに自分の大切にしている宝物について紹介する文章を書いてもらおうと思います。手元のワークシートを使って、やってみましょう。ワークシートを見てください。自分の宝物や、前に聞いてきた家族の宝物をいくつか書き込んでいきましょう。
T ：書けた人は、みんなに紹介したい宝物をどれか一つ選びましょう。

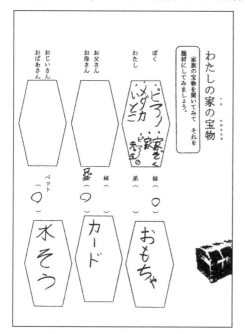
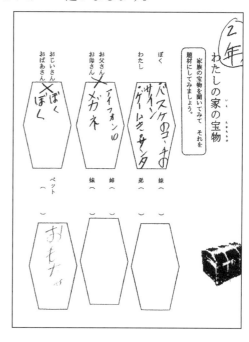

(2)児童の言語活動（20分）

言語活動のポイント

ア　選んだ宝物をイラストで描き，それにどのような思いがあるのかを明確にするために，体験したことや感じたことを吹き出しに書かせる。

イ　なぜ宝物にしているのかを説明させていくことで，文章にしていくときの視点を整理する。

（友達と対話）

授業の実際

T：みんな，紹介したい宝物は決まりましたか。どんな宝物か教えてください。

C3：ブレスレットです。

T：それはどうして大切なのですか。

C3：お母さんからもらったものだからです。

（以下，多くの子供たちが発表。）

T：みんな自分の宝物についていろいろな思いを持っていると思います。では手元のワークシートを使って，やってみましょう。ワークシートを見てください。まず，宝物についてイラストを描きます。そして，次はその宝物をもらったときのことやしているときのことを思い出して，「だれが」「いつ」「どんなことをしたのか」などを吹き出しの中に書いてみましょう。（困っている子供には，「全部の吹き出しを埋めなくてもいいよ。」とアドバイスする。）

T：（15分後）それでは，同じグループの人に大切な宝物について吹き出しに書いたことを紹介しましょう。

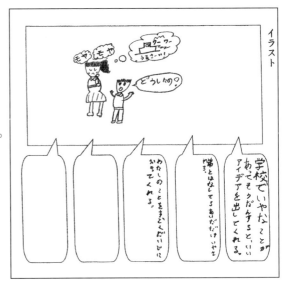

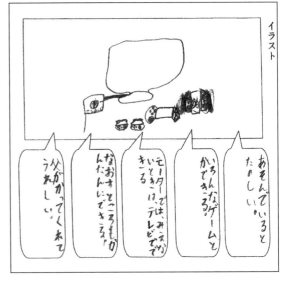

(3)教師と一緒に振り返り（15分）

まとめ方のポイント

ア　吹き出しに整理したことを基に，宝物にした理由を文章で書かせる。

イ 「大切にしているもの」「大切にしている理由」「これからどうしていきたいか」という順序で書かせる。
ウ 低学年で実施する場合は，教師のモデル文を提示することで，子供たちに活動の見通しを示せる。
エ 教師のまとめとして，「書く題材が見つからない」「どのように書けばよいか分からない」場合は，今日の活動のように，これまでの経験や思ったことなどを整理することで，文章全体の構成を考えやすくなることを確認させる。

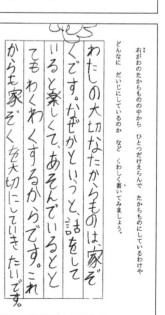

授業の実際

T ：宝物について整理できましたね。それでは今からみんなに自分の宝物を紹介する文章を書いてもらいます。まず先生が書いてみたので，みんなでどんな風に書いていくのか確認しましょう。（モデル文を示す。）どんな順番で書いてありますか。
C1：最初に，宝物が書いてある。
C2：次は理由。
C3：三つ目は，これからのことかな。
T ：そうですね。「大切にしているもの」「大切にしている理由」「これからどうしていきたいか」の順に書いていきます。それでは，ワークシートに3行から5行でまとめていきましょう。

（子供たちがまとめた後）

T ：今日は自分の宝物についてみんなにまとめてもらいましたが，どうでしたか。
C1：絵を描いたり吹き出しに書いたりしたので，宝物をもらったときのことを思い出して文に書きやすかったです。
T ：そうですね。作文を書くときには，いきなり書いていくのではなく，まず思ったことや感じたことを書き出して，まとめていくと書きやすくなっていきますよ。

| ① 着想 | → | ② 構想 | → | ③ 構成 | → | ④ 記述 | → | ⑤ 推敲 |

○○さんと一緒にしたいことを書こう
― 「題材」が思い付かない子供のために ―

【対象】全学年　【準備物】写真1枚
【必要時間】25分（低学年対象の場合）〜15分（高学年対象の場合）

❶ 使用するワークシート（資料編 P.123）

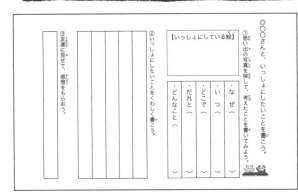

【ワークシートの特徴】
・日ごろ、自分の経験したことや、あった出来事だけに着目して作文を書くことの多い児童が、視点を変えて「これからどうしたい。どんなことをしたい。」という作文を書いていくときに活用すると効果的です。
・「一緒にしたいなと思う相手」を明確にし、語りかけ（対話し）たり、経験していないことを想像したりしながら書くことで、作文の内容を広げていくことのできるワークシートです。

❷ 授業の進め方（低学年の場合）

過程	進め方	「選択」と「対話」	時間
(1)教師による説明	①ワークシートを使った一斉指導 ・幼少期の自分の写真を見て、今の自分ならどんなことをして過ごしたいかを考え、絵に描く。	【自分で選択】 成長した今の自分なら、幼少期の自分にどんなことを一緒にしてあげられるのかを考える。	5分
(2)児童の言語活動	②ワークシートを使った交流活動 ・絵に描いたことを5Wで書き、つなげる順番を決める。 ・③の「友達に見せて感想をもらおう」で、互いに読み合い、よい点に目を向けた感想を書いて返す。 ・特に、「なぜ」の理由のところに視点を置いた感想を伝え合う。	【友達と対話】 自分の思いをよりよく伝えるためにどの順番がよいかを決める。 よく考えて、相手（今回は幼少期の自分）としたいと決定していることを感想の中で伝える。	15分
(3)教師と一緒に振り返り	③ワークシートを使った振り返り ・経験したことだけでなく、写真などを通して想像したことや、やってみたいことなども作文にできることを確認する。	【自分と対話】 「写真→絵→5W→5Wの順序決め→友達との対話（よい点の感想）」より、自分の成長を振り返ることができ、そのことを作文に書きたいという意欲が高まる。	5分

❸ 授業の実際

(1)教師による説明（5分）

説明のポイント

ア　写真は，生活科で自分の成長を振り返るために使用した幼少期の自分の写真を使う。

イ　様々なことができるようになった今の自分が，2～3歳のときの自分に，一緒にしたいことを考えさせる。（**自分で選択**）

ウ　一緒にできることを絵で描く。次に5Wを書くので，周りの様子を詳しく描いたり，色を付けたりして，想像を広げさせる。

エ　絵に描いたことを5Wの枠に書く。

オ　一緒にしたいことを詳しく書くために，5Wをつなげる順番を数字で書いていく。そうすることで頭が整理でき，自分で書こうという意欲につながる。

カ　感想を書くときには，「なぜ」したいかに視点を置かせると，幼少期の自分に思いを馳せることができるようになった自分自身の成長（変化）に気付くことができる。作文を書き終えたときには，より自分の成長を喜ぶことができる。

幼少期の写真を見ながら「一緒にしたいこと」を考えている様子

授業の実際

T ：生活科の学習で，自分でできるようになったこと（成長）に気付きましたね。では，立派に成長した今の自分が，写真の（2～3歳の）自分と，一緒にしたいことは何ですか。

C1：一緒に遊びたいです。積み木がいいかな。

C2：ヨーグルトをほっぺに付けて食べているから，食べさせてあげたいです。

（以下，多くの子どもたちが発表。）

T ：今，言ってくれたことを一緒にすると，写真の自分は，きっと大喜びするだろうね。では，手元のワークシートを使って，やってみましょう。

T ：まず，一緒にしたいことを絵に描いてみましょう。

T ：（2分後）周りの様子や，色鉛筆で色を付けてもいいです。小さいときの自分とおしゃべりしながら，詳しく絵を仕上げると楽しくなりますね。（「右ワークシート：一緒にしている絵「砂遊び」）

詳しく書いていく（つなげる）順番を①～⑤と番号で書く

(2)児童の言語活動（15分）

言語活動のポイント

ア　描いた絵を見ながら「5W：なぜ・いつ・どこで・だれと・どんなこと」を書いていく。

イ　自分の思いがよりよく伝わるように，5Wを書いていく順番を自分で決めさせる。「なぜ」の理由は，最後に書くとより分かりやすい文になることを確認する。

ウ　決めた順番通りにつなげて，②の「いっしょにしたいことをくわしく書こう」のところに書かせる。

エ　③の「友達に見せて，感想をもらおう」では，互いに読み合い，よい点に目を向けた感想を書かせる。今回は，一緒にしたいと思った相手が年下であることや，自分自身の幼少期の写真を使用していることから，幼い子への思いやりの気持ちが育ってきていることを感じ取れる感想を書かせたい。そこで，特に，「『なぜ』の理由」のところに視点を置いた感想を書かせ伝え合いができるようにしていく。（友達と対話）

授業の実際

T　：それでは，②の「いっしょにしたいことをくわしく書こう」のところに「①で決めた順番」で書いてつなげていきましょう。

C3：書き始めは，一マス下がりです。

T　：そうでしたね。よく分かっていますね。

C4：よ〜し，つなげて書くぞ。

（机間巡視，2分後）

T　：では，最後に書く「なぜ」のところに入ります。「なぜ」という言葉は，どんなときに使いますか。

C5：理由を言いたいときです。

T　：おお。素晴らしい。そうでしたね。前に書いた（言った）文の理由を言うときに使うと，相手に自分の思いがよく伝わるのが「なぜ」でしたね。

C6：「なぜかというと」と，書きます。

T　：その通り。バッチリですね。では，「なぜかというと」の書き始めは，行を変えて一マス下がりで書いていきましょう。

（机間巡視，2分後）

T　：それでは，書き終えた人は，②のところを読んでみましょう。相手に分かりやすく伝えられるような文が書けているか考えながら読んでみましょう。

（声に出して読む。）

T ：次に③の「友達に見せて，感想をもらおう」に入ります。みなさんは，「なぜ」そのことをしたいのかのところを一生懸命に考えて書いてきましたね。感想を伝えるときに，できるだけ，「なぜ＝どうしてかというと」のところの感想を詳しく伝えてみてください。それでは，お隣の人と（ペアで）始めてください。

ひなの：砂遊び，楽しそうだね。小さいときのはるとさんなら，きっと喜びそうだね。

はると：ひなのさんの読み聞かせもいいね。読み聞かせ上手だもんね。

T ：それでは，伝え合ったことを③のところに書いてみましょう。

はると：お話したことより，ちょっと難しいな……。短くまとめなくちゃ。

T ：それでは，③に書いたことを読み合って感想を伝え合いましょう。

ひなの：いいところを見つけてくれてありがとう。

はると：「なぜ」のところの感想を教えてくれてありがとう。

(3)教師と一緒に振り返り（5分）

まとめ方のポイント

　振り返りのポイントは以下の3点となる。

わ：分かったこと…どんなことが分かったか

た：楽しかったこと…楽しかったこと・ためになったこと・ためしてみたいこと

し：知りたいこと…もっと知りたいこと・深めたいこと

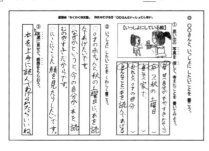 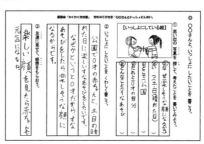

授業の実際

T ：今日の学習を「わ・た・し」でまとめていきましょう。

C ：わ 分かったこと…自分から自分へ作文を書いてもいい。／絵の中に5Wがある。／相手を決めて書くとおしゃべりしながら書けて，それが会話文になる。／5Wを先に決めると書きやすい。

　　た 楽しかったこと…写真を見ながら想像できた。／友達からの感想がうれしかったから，もっと書きたくなった。

　　し 知りたいこと…他の写真でも想像してみたい。／会話文を入れて長い文に仕上げたい。

| ① 着想 | → | ② 構想 | → | ③ 構成 | → | ④ 記述 | → | ⑤ 推敲 |

10 作文ダブルマップをつくろう
― 「内容」が膨らまない子供のために ―

【対象】 全学年 　【準備物】 原稿用紙
【必要時間】 20分

1 使用するワークシート（資料編 P.124）

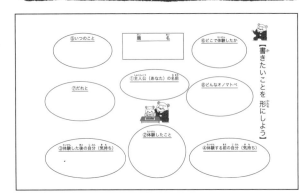

【ワークシートの特徴】
・作文で書く内容が決まり，構想を練る段階で使用します。
・自分の頭の中で浮かんできた書きたいことを書き留めて，可視化することができます。作文を書くための道しるべのようなワークシートです。

2 授業の進め方（中学生の場合）

過　程	進　め　方	「選択」と「対話」	時間
(1)教師による説明，生徒による記入	①ワークシートを使った一斉指導 ・生徒が作文で書きたい内容が決まった際に使用する。 ・項目に①〜⑧まで番号が振ってあるので，その順に質問に答えさせる。 　①主人公の名前 　②体験したこと 　③体験した後の自分（気持ち） 　④体験する前の自分（気持ち） 　⑤いつのこと 　⑥どこで体験したか 　⑦だれと 　⑧どんなオノマトペ	【自分と対話】 ・①〜⑧の番号に沿って，自らの作文の骨組みとなる作文ダブルマップを作成する。 ・特に，③で体験したあとの気持ちを書いてから④で体験する前の自分の気持ちを書くことで，これから書く作文がハッピーエンドになる。	10分
(2)生徒の言語活動	②ワークシートを用いて作文を書き出す。 ・ダブルマップを用いながら，作文を書いていく。	【自分で選択】 ・ダブルマップができあがったら，どの項目から書き出すかなど，選択する楽しみを持たせる。	10分

③ 授業の実際（小学生から実施可能。今回は中学生で実施）

(1)教師による説明，生徒による記入（10分）

説明のポイント

ア　書きたい内容を整理し，道しるべとするためのものであることを説明する。
イ　番号が振ってある順番に質問に答えるようにする。
ウ　③「体験した後の自分（気持ち）」を考えてから，④「体験する前の自分（気持ち）」を考えることを意識させることでより，想像しやすい。
エ　より具体的に自分の体験したことをイメージさせるために匂いや音等を想起させる。

授業の実際

T　：今年度も終わりますが，今年一年お世話になった人はいますか？
S1：たくさんいます。
T　：だれですか？
S1：部活動の顧問の先生。
S2：担任の先生。
S3：〇〇ちゃん。
S4：お父さん，お母さん。
T　：たくさんお世話になった人がいるね。それではその方々に感謝の気持ちを伝えるために手紙を書こうか！
S5：えー！　だれにしよう。
T　：お隣さんやご近所さんに相談してもいいよ！
　　（周りと相談）
S1：そういえば，どうやって書けばいいんですか？
T　：書き方は教科書に載っているし，先生が教えるから大丈夫です。
S1：どんなことを書けばいいかが分かりません。
T　：書きたい内容が分からないってことかな？
S1：そうです。
T　：それでは，今から配るワークシートが役に立つと思うから一緒にやってみようか。

（ワークシートを配付）

T　：作文も地図を書くと書きやすくなります。一緒にやってみましょう。

T　：みんなで足並みをそろえてやるからしっかり聞いてね。

T　：まず，ワークシート中央の①に自分の名前を書きましょう。

T　：次に少し飛びますが，⑦にお世話になった人の名前を書きましょう。

T　：その人との思い出や，特に感謝してるなと思うことを②に書きましょう。

S２：たくさんある場合はどうしたらいいですか。

T　：いっぱいお世話になったんだね。素敵です。たくさん挙げていいですよ。

T　：（数分待って）たくさん書けたね。それでは，紙幅も限られるので，その中で特にこのことについて書きたいというものを一つ選んでください。そのことについて掘り下げていこうか。

S３：今挙げた他のものについても触れたい場合はどうしたらいいですか。

T　：「○○や△△などたくさん思い出はありますが，特に印象深いのは□□のことについてです。」のように挙げると，たくさん覚えてくれているんだなということが伝わりますよ。

S３：ありがとうございます。

T　：それでは，②の中で特に書きたいことが決まったら，③，④と書き進めてください。

（教師は，困っている生徒に対して「どんな体験をしたの？」「どう感じたの？」「どんな音がした？」「そのときの匂いはどんな感じ？」など生徒が思い出しやすくなるように，教師との対話の場面を設ける。）

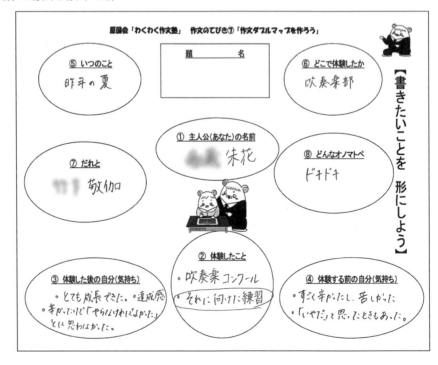

(2)生徒の言語活動（10分）

> 言語活動のポイント

ア　ダブルマップと作文を並べて書くようにする。
イ　項目の順番通りに書かなくてもよいことを伝える。

> 授業の実際

T：ダブルマップができあがったら，書きたい順番に書き出してください。原稿と並べて書くと，書きやすいですよ。

　生徒は，仕上がったマップの中の材料を使って，どのような構成にしようかと，作文の次の段階に向けて自分と対話をしているようだった。また，お互いの原稿を見せ合いながら，生徒同士で書く順番や，言葉の適否などについて自然と対話する姿も見られた。ダブルマップができあがってからは，生徒自身で言葉を選択しながらすらすらと書けていた。

---

column
ダブルマップの威力

　作文指導上の課題としてよく「書きたいことが分からない」ということが挙げられます。
　実は，丁寧に調べていきますと，この「書きたいことが分からない」という声には，二つの意味が込められていることも分かってきました。
　一つは，そのままの意味で，着想・構想ができない。もう一つは，題材はあるが，本当に何時間もかけて作文として書いていくほどの価値があるかどうか分からない。友情，努力，成長……という言葉は知っているけれど。先生は認めてくれるだろうか……。
　子供たちは，自分にとって価値があると感じている内容を他者（教師や友達）から認められると，自信を持って書いていくものです。そこで，この長年の課題を解決すべく開発したのが，この「ダブルマップ」でした。詳しくは「理論編」にも書いていますので，参照していただけると幸いです。
　本実践は，会員の中学校で実践してもらいました。特に，「お互いの原稿を見せ合いながら，生徒同士で書く順番や，言葉の適否などについて自然と対話する姿も見られた」という点に着目できます。書きたいことを形に，また，自分の変容を他者と認め合っている姿が思い浮かびます。「ダブルマップ」が，小中問わず，威力を発揮した瞬間だと思います。

（原田義則）

① 着想 → ② 構想 → ③ **構成** → ④ 記述 → ⑤ 推敲

付箋を使って
作文の組み立て（構成）を考えよう
― 「構成」が整えられない子供のために ―

【対象】 全学年　【準備物】 作文構成ワークシート，4色の付箋
【必要時間】 45分（低学年対象の場合）〜30分（高学年対象の場合）

1 使用するワークシート（資料編 P.126）

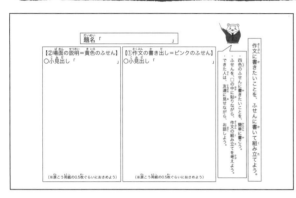

【ワークシートの特徴】
- 書きたいことを，思い浮かべた順に付箋にメモして，構成表（起承転結の4場面）に仮に貼っていくことができます。
- 伝わりやすい構成にするために，書きたいことをメモした付箋の順序を変えることができます。
- 友達と対話をしながら書きたいことを自由に想起し，メモをすることができます。
- 色別の付箋を貼ることで，文章の構成が意識しやすくなります。

2 授業の進め方（低学年の場合）

過程	進め方	「選択」と「対話」	時間
(1)教師による説明	①ワークシートを使った一斉指導 ・ワークシートと付箋の使い方について説明する。 ・ダブルマップに書いた内容をどの場面に書けばよいか確認する。	【自分で選択】 　付箋にメモすることを，ダブルマップや詳しく書くための内容の観点を基に自分で考える。	15分
(2)児童の言語活動	②ワークシートを使った交流活動 ・書きたいことを付箋にメモしてふさわしい場面へ貼る。 ・友達や教師と対話をしながら，付箋のメモを増やしていく。	【友達と対話】 　書きたいことや表現の工夫，書く順序（付箋メモの順序）を，友達と自由に話し合う。	25分
(3)教師と一緒に振り返り	③ワークシートを使った振り返り ・付箋のメモの内容，文章構成，友達との対話のよさについて振り返る。	【自分と対話】 　伝わりやすい文章構成や書く内容，表現の工夫などについてまとめる。	5分

❸ 授業の実際

(1)教師による説明（15分）

説明のポイント

ア　既習から「はじめ・中・おわり」の（文章の構成）を想起させる。（低学年）
イ　前時までに書いたダブルマップと比較させながら，文章構成表のどの場面に何を書けばよいのかを確かめる。
ウ　経験したことを詳しく書く場面の内容について，観点（したこと，言ったこと，友達がしたこと，友達が言ったことなど）を明確にした上で，学習に入らせる。
エ　オノマトペなどの表現の工夫についても考え，メモすることを確認する。
オ　友達や教師との対話の中で，書くことを広げたり深めたりしていくことを確認する。

授業の実際

（「はじめ・中・おわり」の文章構成について想起させ，ダブルマップの内容をどの場面に書けばよいのか話し合う。）

T　：この時間に使うワークシートは，「作文構成表」です。みなさんは作文を書いていて，あとからあれも書けばよかったとか，書く順番を間違えてしまい，書き直したという経験はありませんか。また，詳しく書こうと思っても，書きたいことがなかなか思い浮かばなかったことがありませんか。そこで，この時間は，この「付箋」を使います。この「付箋」を使うと，2点よいことがあります。1点目は，書きたいことを短くこの付箋に書いて貼り付けることで，あとから順序を入れ替えることができるということ

です。2点目は，順序や書く量を気にせずに，思い浮かんだことを，どんどん付箋に書くことができるということです。友達や先生と話しながら付箋に書き込んで，書きたいことを増やしていくとよいですよ。あとで，書かなくてよいことを省いたり，もっと詳しく書きたいことを増やしたりすることができます。

T　：では，付箋には，どんなことを書くとよいでしょうか。
C1：（話し合いの中で）したこと，思ったこと，考えたこと，友達がしたこと，友達が言ったこと，がんばったこと，面白かったこと，わけ（理由）。

T ：そうですね。オノマトペなどの表現の工夫も考えるとよいですよ。

(2)児童の言語活動（25分）

言語活動のポイント

ア　書く内容を考える際は，常に観点を意識させるようにする。
イ　机間指導において，付箋に書かれている内容や量について称賛を繰り返す。
ウ　机間指導の中で，付箋の貼られている場面が適切かどうか（どこに何を書くのか）問いかける。
エ　どの場面に何を書けばよいのか分からないとき，書くことを思い付かないときなど，必要に応じて友達と自由に対話できるようにする。(友達と対話)
オ　児童同士の対話の中で，書きたいことを思い浮かべることができるようにするために，類似の内容で書こうとしている児童同士をつなげる。

授業の実際

（常に机間指導を行い，児童との対話を行いながら）

T ：付箋のメモ，たくさん書けていますね。すごいですね。（書けていない内容の観点を見つけて）友達は，このとき何か言わなかったのかな。
C1：あっ，言った，言った。
T ：それ，書いてみようか。
T ：Aさんは，（行事）について書くのですね。Bさんと同じ（行事）のことを書くのですね。Aさんは，経験したことを思い出そうとしているようだけど，さっきから，手が止まっているみたいだから，Bさんとお話してくるといいよ。何か思い出すかも。まず，（行事）のとき，どんなことをしたのか，自由に話してごらん。

Bさん：（児童同士の会話の中で）Aさん，あのとき「大丈夫。がんばって。」って私に言ってくれたよね。私，とてもうれしかった。
Aさん：あっ，言った。だって，私はBさんと，毎朝一生懸命練習してきていたから，失敗したときも，Bさんなら次は必ずできると思ったよ。
Bさん：ありがとう，Aさんの言葉のおかげで，私は，目標を達成できたよ。
Aさん：あっ，朝の練習のことを書けばいいね。寒かったけれど，いつも二人で外に出たよね。
T ：そのとき，どんなふうにして出て行ったの？「寒かった」って書かずに，寒そうな様

　　　　　子を書くとしたら？
Aさん：背中をまるめて，手を合わせてこすって，息を吹きかけて，ポケットに手を入れていて……〇〇先生に叱られた。
T　　：いいねえ。それで伝わるね。オノマトペが使えるかな。
Bさん：ぶるぶる……，あっ，大会が始まる前は，もやもや……，どきどき……，どっくんどっくん……，終わったあとは，ほかほか……。
T　　：したこと，言ったこと，感じたこと，オノマトペ，といっぱい書くことが出てきたね。
T　　：みんな，今ね，AさんとBさんが，オノマトペをいっぱい考えたよ。
C２　：ぼくも，書いたよ。でも，もっと増やそう。

(3)教師と一緒に振り返り（5分）

まとめ方のポイント

ア　付箋メモの内容について振り返らせる。
　・付箋が適切な場面に貼られているか，友達同士で確認させる。
　・友達同士で，最初に確認した観点で書かれているかを確認させたり，書かれている内容で伝えたいことが伝わるかを話し合わせたりする。
イ　次の観点から選択して，学びへの振り返りをさせる。
　・付箋を使ったことに対する感想を出させ，付箋のよさを確かめる。
　・友達と対話することについての感想を出させ，対話のよさを確かめる。
ウ　付箋メモの内容と児童の学びの姿勢について評価するとともに，今後の進め方を確認する。

授業の実際

T　　：付箋にメモしたことや付箋を貼った場面について，構成表を隣の友達と見せ合いお互いに一つずつ，質問しましょう。オノマトペなど，表現の工夫があったら，あとで紹介してください。
C３　：〇〇さん，このとき，どんな気持ちだったのか，もっと詳しく教えてください。
C４　：このオノマトペ，ぴったりだね。私だったら，〇〇もいいと思うな。
T　　：友達の質問を受けて，答えたり，新しく書くことが見つかったりしましたか。では，付箋を使ってみたり，友達と自由に話しながら書くことを見つけたりしてどうでしたか。
C５　：付箋を使うと，いっぱい書くことができて楽しかったです。また，順番を入れ替えられるので，次々に考えることができました。
C６　：友達と話していると，したことや言ったことをいっぱい思い出すことができてうれしかったです。次も，いっぱい話がしたいです。

| ① 着想 | → | ② 構想 | → | ③ 構成 | → | ④ **記述** | → | ⑤ 推敲 |

作文の書き出しを考えよう
―「書き出し」が決まらない子供のために―

【対象】全学年　【準備物】特になし
【必要時間】25分（低学年対象の場合）～20分（高学年対象の場合）

1 使用するワークシート（資料編 PP.129-130）

【ワークシートの特徴】
・「何から書けばいいか」というのは、作文を書く上で、子供たちが必ず悩むことです。
・このワークシートは、子供たちが自分の作文の書き出しを考えるためのワークシートです。この練習を通して、どんな書き出しの方法があるかを知り、「自分なりの文章を書く力」を身に付けることができるでしょう。

2 授業の進め方（低学年の場合）

過　程	進　め　方	「選択」と「対話」	時間
(1)児童の言語活動	①ワークシートを使った一斉指導 ・自分で考えた書き出しの文をワークシート（作文用紙等）に書かせる。	【自分と対話】 　日常的に書くことの多い日記等の書き出しを思い出しながら書かせる。	5分
(2)教師による説明	②ワークシートを使った一斉指導 ・「作文の書き出し方の例」を見せて、どのような書き出しをすれば書き手が文章を書きやすくなり、読み手が続きを読みたくなるのかを考えさせる。	【自分で選択】 　九つの書き出し方の例の中から、自分の作文に最も合う書き出しを考えさせる。	5分
(3)児童の言語活動	③ワークシートを使った創作活動 ・選択した書き出し例を用いて、自分の作文に合った書き出し例をワークシート（作文用紙等）に書かせる。	【友達と対話】 　作文の主題と合うように、書き出し文を実際に書き換えさせる。	10分
(4)友達や教師と一緒に振り返り	④ワークシートを使った交流活動 ・初めに書いた書き出しと、「書き出し方の例」から選択した書き出しを教師や友達と読み合い、工夫した点について相互にアドバイスをする。	【自分と対話】 　書き出しと主題の関係などについてまとめ、自分の作文に活かしていけることを確認する。	5分

❸ 授業の実際

(1)児童の言語活動（5分）

言語活動のポイント

ア　子供たちに，自分で考えた書き出しの文を書かせる。
イ　いつも書いている日記を思い出して，どのような書き出しをしているか想起させる。
ウ　書き出しを考え付いた子供は，自然に鉛筆を持って書き出すことが多い。教師は，集中して書いている子供の様子を捉え，称賛することで，次への意欲を喚起することが大切である。

授業の実際

T　：みなさんに質問です。身近なことでみなさんが文章を書くときにはどんな内容を書きますか。
C１：昨日，友達と遊んだこと。
C２：夏休みに作文を書く。
　　（以下，多くの子供たちが発表。）
T　：文章を書く機会はよくありますね。では，手元のワークシートを使って，いつも日記を書くように書き出しの文章を書いてみましょう。ワークシートを見てください。
T　：1枚目の原稿用紙に，日記に書くときの書き出しの文章を書いてみてください。60字以内で書いてみましょう。
　　（困っている子には，「昨日は何をして遊んだの？」とアドバイスする。）
T　：（5分後）では，自分で書いた書き出しの文章を目で読んでみてください。いつもの日記のようにうまく書けましたね。でも，読み手を引きつけるような書き出し文になっているでしょうか。工夫すると，もっと読みたくなる書き出し文になりますので，書き出しの例を見てみましょう。

(2)教師による説明（5分）

説明のポイント

ア　「書き出しの例」ワークシートを配布し，書き出しには様々な方法があることに気付かせる。
イ　自分の書きたい主題に合う，書き手が文章を書きやすくなり，読み手が続きを読みたくなる書き出しはどれかを考えさせる。

ウ 低・中学年は①～④，高学年は①～⑨の書き出し例を中心に選ぶと書きやすいことを説明する。

> 授業の実際

T ：では，配付した「書き出しの例」のワークシートを見てください。①から順番に読んでもらいます。読んでくれる人。
C1：はい。（①を読む。以下④まで繰り返す。）
T ：みんながさっき考えた書き出しの文章と比べるとどうかな。
C2：なんだか続きが気になります。
C3：周りの様子や雰囲気が分かって，どきどきしました。
T ：今読んだ書き出しの文章の中で，自分が書いた書き出しの文章と合いそうな書き出し例はありますか。
C4：私の文章には，③の書き出しを使うと，もっとみんなに読みたいと思ってもらえると思います。
C5：私の文章には，①の書き出しが合いそうな気がします。
T ：今紹介した書き出しの文章以外にも，書き出しの文は大きく分けて九つあります。低学年のみんなには，①～④の書き出しが書きやすいと思います。自分でどの書き出しを使うか考えて，自分の書き出しの文章を書き換えてみましょう。

(3)児童の言語活動（10分）

> 言語活動のポイント

ア 自分で選んだ書き出し例に合わせて，実際に書き出しの文章を書き換えさせる。
イ どの書き出しの例が合いそうか，友達と相談しながら考える。（**友達と対話**）
ウ 書き出しを考え付いた子供は，自然に鉛筆を持って書き出すことが多い。教師は，集中して書いている子供の様子を捉え，称賛することで，次への意欲を喚起することが大切である。

> 授業の実際

T ：では，先ほど書いた書き出しの文章を自分で選んだ書き出しの例に合わせて書き換えてみましょう。
C1：どの書き出しにしようかな。
C2：会話文から始めると，なんだか続きが気になるね。
C3：周りの様子から始めると，今から何が起こるのかわくわくするね。

C4：どれを選んだらいいのかな。
T ：周りの友達はどれを選んだのか，聞いてみるといいよ。同じ書き出しでもいいし，違う書き出しでもいいから，どれが一番合いそうか考えてみよう。

(4) 友達や教師と一緒に振り返り（5分）

まとめ方のポイント

ア 今日の活動の振り返りとともに，教師のまとめの指導をする。
イ 振り返りのポイントとして，「1・1・1（ワン・ワン・ワン）」※のような，観点を示したい。
ウ 教師のまとめとして，「何から書けばいいか分からない」「どんな書き出しをしたらいいのか分からない」場合は，今日の活動のように，書き出しの例を参考に考えるとよいことを確認させる。

授業の実際

T ：書き換えることができたら，友達と交換して読み合ってみましょう。初めに書いた書き出しと比べてどう変わったかお互いに伝え合いましょう。
C1：C2さんが初めに書いたのは，ぼくが書いた書き出しとそっくりだったけれど，書き出しの例を使って書いた文は，まったく違うように感じるね。
C2：C1さんが書き換えたのは，読んでいて続きにどんな話があるのか楽しみだな。これから大事件が起こりそうだね。
T ：では，今日の学習で何が分かったかな。
C3：書き出しにはいろいろな書き方があることです。
T ：質問は何かありますか。
C4：五つ目からの書き出しは，どんなときに使うのか，まだ分かりませんでした。
T ：これから活かしたいことはなんですか。
C5：日記を書くときに，書き出しの工夫ができそうです。
T ：「何から書けばいいのか」とか「どんな書き出しがいいのか」迷ったときには，このワークシートを使ったら，いろいろな方法が思い付きそうですね。

※47ページを参照。

① 着想 → ② 構想 → ③ 構成 → ④ **記述** → ⑤ 推敲

13 目指せ！書き出しマスター
― 「書き出し」が決まらない子供のために ―

【対象】全学年　【準備物】ワークシート，一度書いた作文（書き出し部分）
【必要時間】45分（低学年対象の場合）〜30分（高学年対象の場合）

1 使用するワークシート（資料編 PP.131-132）

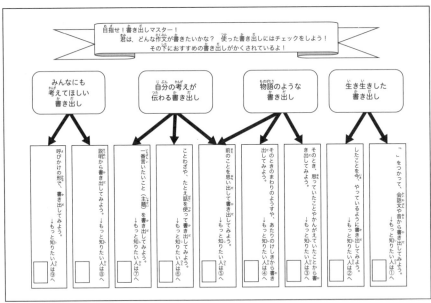

2 授業の進め方（高学年の場合）

過程	進め方	「選択」と「対話」	時間
(1)教師による説明	①ワークシートを使った一斉指導 ・子供たちに一度書いた作文の書き出しを読み直させる。 ・その後、ワークシートを配付し、九つの中から選んで〇を付け、書き出しを変えて書き始める。 （例）今回のテーマ「6年間の思い出」	【自分で選択】 どの書き出しに変えたらより相手に伝わりやすくなるかを考えさせる。	5分
(2)児童の言語活動	②ワークシートを使った交流活動 ・作成した書き出しの文を、グループで読み合い、よさを伝え合う。	【友達と対話】 書き直す前の書き出しも一緒に読むことで、比較しながら、友達同士でよさを伝え合う。	20分
(3)教師と一緒に振り返り	③ワークシートを使った振り返り ・作文の書き出し方について、教師と一緒にまとめる。	【自分と対話】 作文の書き出しにはいろいろなパターンがあることを知り、自分の作文に活かしていけることを確認する。	5分

3 授業の実際

(1)教師による説明（5分）

説明のポイント

ア　子供たちと一緒に書き出しの方法を考えることで、書き出しの方法をあまり知らないことに気付かせるようにする。

イ　ワークシートを配付し、九つの書き出しの仕方を知ることで、いろいろな書き出し方があることに気付くようにする。

ウ　どの書き出しに変えたらより相手に伝わりやすくなるかという視点を与えることで、どの書き出し方がよいかを考えることができるようにする。

授業の実際

T　：みんなの作文の書き出しを見てみましょう。どんな書き出し方が多いですか？

C1：「私が小学校6年間で一番心に残っていることは……」が多いね。

C2：会話文から書き始めている人もいるよ。

T　：2パターンしか出てこないね。では、みんなのパターンを増やすことができるようにワ

ークシートを準備しました。ワークシートを見てください。
T ：九つの書き出し方が紹介されていますよね。どの書き出しに変えたらより相手に伝わりやすくなるかを考えて，一つ選んでみましょう。選んだら○を付けてください。
C３：どれにしようか迷うなあ。
T ：悩んでいる人は，ワークシートの２枚目（裏）を見てみましょう。書き出し例があるので，例を読んでみると想像がしやすいと思います。
C３：なるほど。こうやって書くと分かりやすいね。私は，７番の書き出しで始めてみよう。

(2)児童の言語活動（20分）

言語活動のポイント

ア　書き出しを選ぶ場面では，自分の作文に一番合っているものを自由に選ばせる。
イ　選ぶ際に，どうしてそれを選んだのか，理由を近くの人と対話することで，より自分の作文に合った書き出しを選ぶことができるようにする。
ウ　書いた作文を友達と読み合うことで，互いのよさを対話することができるようにする。

授業の実際

T ：書き出し方が決まった人は，実際に作文を書いていきましょう。書き方が難しいと感じる人は，書き出しの例を参考にしながら書いてよいですよ。
C４：ぼくは，書くのが苦手だけど，書き出しの例があるから，すらすら書けるよ。
C５：こんな書き出し方（呼びかけの形）は，知らなかったから，書いていて面白いな。作家になった気分だ。
C６：C５さんの書き出しは，教科書に出てくる文章のように上手だね。もともと会話から書き始めているのもよいと思ったけど，呼びかけの形で始めるのも

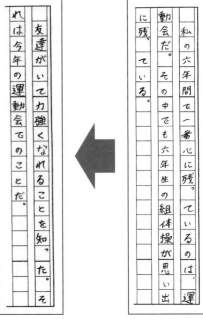
【一番言いたいこと（主題）】から書き始めた児童

【呼びかけの形】から書き始めた児童

素敵だね。
C5：C6さんの書き出しも，言いたいこと（主題）を先に書くことで，読んでいる方も，「なるほど。そう感じたんだな。」と納得しやすいね。

(3)教師と一緒に振り返り（5分）

まとめ方のポイント

ア　振り返りのポイントとして，「1・1・1（ワン・ワン・ワン）」※のような，観点を示したい。

イ　教師のまとめとして，「どうやって書き出したらよいか分からない。」「書き出し方がいつもパターン化している。」ようなときは，今日の活動のように，書き出しマスターの九つの視点を基に書き出しを工夫することで，相手に伝わりやすい作文が書けるようになることを確認させる。

書き出しのよさを伝え合う児童

授業の実際

T　：今日の活動を振り返ってみましょう。「1・1・1（ワン・ワン・ワン）」の視点で発表しましょう。

C7：書き出しの工夫といえば，会話文から書くことしか知らなかったので，九つの視点を知ることができました。

C8：今日は，「呼びかけの形」から書き始めてみたので，次は，「そのときの周りの様子や辺りの景色」から書き始めてみたいです。

C9：書き出しが九つあったので，どんなときにどれがふさわしいのかが知りたいです。

T　：みんなが発表してくれたように，書き出し方が分かると，作文を書くことが楽しくなりますね。そして，C9さんが言っていることも気になりますよね。これからの学習で，いろいろな文章に出会うでしょうし，たくさんの本を読んでいくと思います。そのときに，どんな書き出しをしているかに注目しながら読書をしてみるとヒントが隠れているかもしれませんね。

※　47ページを参照。

| ① 着想 | → | ② 構想 | → | ③ 構成 | → | ④ 記述 | → | ⑤ 推敲 |

14 友達に「私の作文の特徴」を伝えよう
― 「推敲」の観点が分からない子供のために ―

【対象】 全学年 　【準備物】 子供が書いた作文
【必要時間】 45分（低学年対象の場合）～30分（高学年対象の場合）

1 使用するワークシート（資料編 P.133）

【ワークシートの特徴】
・書いた作文を推敲する場合は，このワークシートを使いましょう。
・このワークシートを使用すると，子供は，作文の工夫したところやアドバイスしてほしいところを読む相手に伝えることができ，焦点を絞ったアドバイスをもらうことができます。
・子供はこのワークシートを使用することで，自分の作文を見直す習慣を付けることができます。
・読む相手に自分の作文の特徴を伝えることで相手意識を持つことができます。

2 授業の進め方（高学年の場合）

過程	進め方	「選択」と「対話」	時間
(1)教師による説明	①ワークシートを使った一斉指導 ・教師の書いた作文をモデルにワークシートの使い方を説明する。	【自分と対話】 教師の説明を聞きながら，自分の作文に対する思いをめぐらせる。	5分
(2)児童の言語活動	②ワークシートを使った見直し ・ワークシートに読んでほしい人，伝えたいことを記入し，自分の作文にラインを引かせる。	【自分と対話・選択】 作文を読み直し，当てはまる線をそれぞれ引いていく。	15分
	③ワークシートを使った交流活動 ・ワークシートを読んで，アドバイスを書かせる。	【友達と対話】 焦点を絞って友達の作文を読みアドバイスをする。	
(3)教師と一緒に振り返り	④ワークシートを使った振り返り ・アドバイスを参考に，自分の作文を推敲し，振り返らせる。	【自分と対話】 友達からのアドバイスを読み，自分の作文に活かす。	10分

❸ 授業の実際

(1)教師による説明（5分）

説明のポイント

ア　だれに読んでほしいのか相手意識を持たせる。
イ　読んでほしい人を想像し，この作文で伝えたいことを考えさせることで目的意識を持たせる。
ウ　教師によるモデルを用意し，どのような文章にどんな線を引くのか実践して見せる。

授業の実際

T　：みんなが書いた作文を推敲しましょう。このワークシートを見てください。
（子供たちがワークシートに注目している。）
T　：どんなことが書いてありますか。
C１：「特に読んでほしい人」と「特に伝えたいこと」が書かれています。
T　：そうですね。では，自分の書いた作文をだれに読んでほしいのか。どんなことを伝えたくて書いたのかをワークシートに書いてみましょう。
（子供たちが書けているか机間巡視をする。戸惑っている子供がいれば助言する。）

ワークシートを真剣に書く子供

T　：みんなが書けたようなので，次は自分の作文に線を引きます。どんな線を引くかは，ワークシートを見てみましょう。
（子供たちがワークシートに注目しているところに教師の書いたモデルの作文を用意する。）
T　：まず，迷いもなくすらすらと書いたところには，線を引きません。次に，よく書けたところには二重線を引きます。（モデルを指し，やってみせる。）線を引いて，最初にバツを書くのは，よく書けていなかったところです。先生は，この文章がよく書けなかったので，線を引いてバツを書きます。（モデルを指し，やってみせる。）さらに，自分の気持ちと文章がぴったりしないときには，友達に教えて

教師のモデル作文

もらえるように線を引いてクエスチョンマークを書きましょう。先生が，教えてもらいたいのは……。（モデルを指し，やってみせる。）最後の「うれしかったです。」は，なんという言葉にすればいいかな。

C2：喜びでいっぱいでした。
　（以下，子供たちの発言が続く。）
T　：線を引けば，友達がアドバイスをくれます。さあ，作文に線を引いていきましょう。

声に出しながら作文を読んでいる子供

(2)児童の言語活動（15分）

言語活動のポイント

ア　自分の書いた作文を声を出して読み，線を引いていく。（**自分と対話**）また，机間巡視をしながら子供たちがどんな文章に線を引いているのか把握しておく。

イ　線を引いたら友達と交換し，互いにアドバイスを記入していく。（**友達と対話**）

ウ　アドバイスをもらいたい文章について，話し合う。（**友達と対話**）この話し合いでは，比較（比べると・違いは），連想（〜から考えると）の言葉を使い，話し合いの活発化を意識する。また，辞書等を活用させる。

授業の実際

（教師は机間巡視をし，子供がどのような文章に線を引いているか把握し戸惑っている場合に助言する。）

T　：ここは，よく書けたんですね。確かに，「足がすくんで，一歩も歩けない。」というのは，怖い感じがよく出ていますね。

C3：はい。自分でも怖い感じがよく出たと思います。ただ，よく書けなかったところがあんまりなくて。全部すらすら書けたんですけど……。

T　：無理に「よく書けませんでした」の線を引かなくてもいいですよ。ただ，自分の気持ちがぴったりしないところもあったのではないですか。もう一度作文を読み直して，他の言葉に言い換えられそうな文章がないか探してみたらいいかもね。

C3：（もう一度作文を読み直し，「お母さんは，空を見ている」の言葉に線を引く。）先生，この部分の文章を友達に教えてもらいたいです。

（交流活動）

C4：（C3の作文を読んでいる。）C3さんの作文よく書けているよ。でも，「お母さんは，

空を見ている。」のところがぴったりしていないんだね。
C3：そうなの。お母さんは、いつもと違う表情で空を見ていたの。だから、「空を見ている。」では、物足りないの。なんかないかな。
C4：「見る」って、どんな言葉に言い換えられるかな。例えば、「観察する」「目に入る」「見上げる」とか……。辞書で調べてみようか。（C3とともに辞書を活用する。）「見る」で調べたら……。「目にとめる。目で事物の存在を感じとる。」って書いてあるよ。言い換えられる言葉は、他にも「眺める」「遠くに目をやる」とかもいいんじゃない。

C3：「見上げる」と「眺める」がなんかいいな。この二つを比べてみると、「眺める」は、「物思いにふける」って意味だから、「眺める」に言い換えてみる。

(3)教師と一緒に振り返り（10分）

まとめ方のポイント
ア　友達と交流した作文とワークシートを読んで、文章を改めて推敲する。改めて推敲した文章は、次の時間に清書することを伝え、見通しを持たせるようにする。
イ　今日の活動でどんなことができるようになったか「1・1・1（ワン・ワン・ワン）」※を活用して子供たちに振り返りをさせる。

授業の実際
T　：では、ワークシートと作文を本人に返しましょう。
　（子供たちは、戻ってきたワークシートをじっくり読んでいる。）
C5：（ワークシートを読みながら）「すくむ」にすればいいんだ。
T　：「怖くて一歩も動けませんでした。」の文章に「すくむ」がぴったりしたんですね。
　（その後も机間巡視をし、子供たちの推敲が終わったころに「1・1・1」を活用して振り返り活動をさせる。）

※47ページを参照。

| ① 着想 | → | ② 構想 | → | ③ 構成 | → | ④ 記述 | → | ⑤ **推敲** |

15 ぴったり？伝わる？
当てはまる言葉は何だろう
— 「言葉」が見つけられない子供のために —

【対象】 全学年　　【準備物】 児童の書いた日記帳など
【必要時間】 25分（中学年の場合）〜30分

❶ 使用するワークシート （資料編 P.135）

【ワークシートの特徴】
・「よかった」や，「楽しかった」というぼんやりとした表現を見直したいときにこのワークシートを使いましょう。
・友達との交流を通しながら気持ちを見つめ直し，よりぴったりと当てはまる言葉で表現することができるようになります。

❷ 授業の進め方（中学年の場合）

過　程	進　め　方	「選択」と「対話」	時間
(1)教師による説明	①ワークシートを使った一斉指導 ・教師が例としての文章を提示し，表現が適当かどうかを考えさせる。 ・例を基にして自分の日記の中の文章で見直したい表現を探し，自分の気持ちを見つめ直させる。	【教師・友達と選択】 　例題の中に入る言葉を友達と出し合い，ぴったり合う言葉を選ぶ。	8分
(2)児童の言語活動	②ワークシートと日記を用いた交流活動 ・見直したい表現を自分なりに言い換えて，言い換えた内容で気持ちが伝わってくるかを友達と交流する。	【自分・友達と対話】 　日記の中の表現を見つめて，書き換える。友達と話をしながら様子がより伝わる表現へと換える。	10分
(3)教師と一緒に振り返り	③ワークシートを使った振り返り ・表現について考える活動を通して感じたことを基にして今後への意欲を高めていく。	【自分と対話】 　今回の活動を通した振り返りをしながら日ごろどうやって活かしていくかを考える。	7分

3 授業の実際

(1)教師による説明（8分）

説明のポイント

ア　朝のあいさつ板書を例にして，気持ちを伝える表現に着目させる。
イ　「うれしい」「楽しい」という表現よりも，より様子や気持ちが伝わる言葉を用いた文章を子供と話し合いながら書き換える。
ウ　ワークシートと子供の日記を用いながら，今までの日記にある「楽しい」や「うれしい」を探して，そのときの気持ちを思い返させる。
エ　気持ちを表す言葉を友達同士で出し合いながら自分の表現に合う言葉を用いて書き直す。
オ　書き換えた表現は，他の子供たちが別の場面で用いることができるので，全体の場で発表してもらい，称賛することで日ごろの書くことへの意欲を高める。

授業の実際

T ：今日の朝の黒板なんだけど，最後の□のところにはどんな気持ちが入りそうかな。
C１：「うれしかったです。」だと思います。
C２：「涙がこぼれそうでした。」が合いそうです。
T ：今の二人の表現は，どんな気持ちを表しているでしょうか。「涙が」ってことは悲しみ？
C３：うれしさや，喜びの気持ちだと思います。
T ：「うれしい」を表す言葉はたくさんあるよね。そんな風に，「涙がこぼれる」ほどの喜びだったり，「胸がはずむ」ようなうれしさだったりと，使う言葉一つで様子の伝わり方が大きく違ってきますね。ワークシートを見てみましょう。うれしいを表す言葉の例がたくさんあります。「うれしかったです。」が悪いというわけではないのだけれど，「胸がいっぱいになりました。」や「こみ上げました。」などを使うと，どんな感じがしますか。

C４：心に届いたんだなあと伝わります。使いたい。
T ：今までの自分の日記が手元にありますね。どんな表現をして文章を書いていますか。見返して，そのときの気持ちや様子がよく伝わるようにしていきましょう。換えたい表現に線を引いて，そのときがどんな気持ちだったか，思い返してみてください。
C５：うわ。けっこう「よかったです。」って使ってる。何がよかったのか，伝わらない。

(2)児童の言語活動（10分）

言語活動のポイント

ア　児童が選択した，「言い換えたい表現」を基にそのときの気持ちを書き出させる。その際，「どうして○○だったのか？」という理由をしっかりと持たせて考えさせる。

イ　気持ちを基にして，どんな表現がぴったりと合うかを考えながら自分なりに書き換えてみる。（書けそうな子供は，表現の部分だけでなく，その日記の題を中心に書き直してもよい。）

ウ　書き換えた表現を友達と交流し，全体で発表しながら，優れた表現や，子供の表現の幅を広げてくれるようなものを確認していく。

授業の実際

T　：選んだ表現をより具体的に考えてみましょう。どうしてうれしかったのか，がんばりたいのか，見つめてみましょう。（机間指導をしながら声掛けをする。）

T　：どんな言葉を，どんな言葉に書き換えましたか。

C１：「よかったです。」という言葉を書き換えました。見返してみて，「何がよかったんだろう？」って考え直したら，発表に緊張していたけど，クイズを出したときに笑いが起きて，そのことにホッとして体が動き出しそうになったなあと感じました。だから『心がおどるようにうれしかったです。』にしました。

T　：書き出しも変わりましたね，どうしてですか。

C１：緊張していたことを伝えたくて変えました。

T　：なるほど。伝えたい気持ちが中心にくるように書き直したんですね。

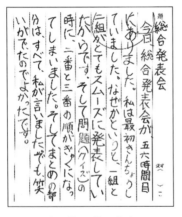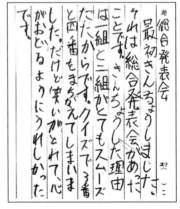

　　　書き換え前の作文　　　　　　　　　　　書き換え後の作文

（他の子供への指導の様子）

T　：どこを書き直しましたか。

C２：私は「うれしかったです。」と「楽しみです。」を変えました。そのときのことを思い出

してみると，自分も笑顔になっていたことや，ホワイトデーのお返しのことを考えたらこの表現のほうが合っているなあと思いました。

C3：「ワクワクする」は使いやすい言葉だけど，あんまり使ったことないかも。

（C2とC3は対話しながら書いていた。）

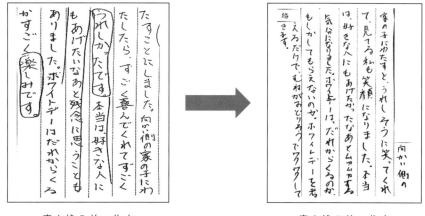

　　　書き換え前の作文　　　　　　　　　書き換え後の作文

(3)教師と一緒に振り返り（7分）

まとめ方のポイント

ア　日常の表現に活かせるような振り返りをさせたい。

イ　振り返りのポイントは，「友達からこんなアドバイスを受けた」「使ってみたい友達の表現」や，「友達から〇〇を褒められた」など，観点を示したい。

ウ　子供たちの活動の態度を称賛し，今後への意欲を高めたい。

授業の実際

T　：今日の書き換えの活動をやってみてどうでしたか。「友達からアドバイスを受けた」「使ってみたい友達の表現」や，「友達から褒められた」というようなことを教えてください。

C1：どんな言葉を使えばいいのか分からなかったけど，友達に「難しい言葉じゃなくて，詳しく書こうとしてみたら。」と教えてもらって，やってみようと思いました。

C2：「心がおどる」「胸がはずむ」「踊り出しそうになる」とか，いろいろな表現があった。

C4：日記を書くのがいやだったけど，考えて書くのが楽しくなりそうです。

T　：みんなの書こうという姿勢がすごく伝わってくる時間でした。日記自体を書き直している友達もいるし，その人はもともとの日記よりもずいぶんと分量が増えていたね。ぴったり言葉を探すことは，書くことを楽しくしてくれるんですね。

| ① 着想 | → | ② 構想 | → | ③ 構成 | → | ④ 記述 | → | ⑤ 推敲 |

16 オノマトペを使おう
― 「言葉」が見つけられない子供のために ―

【対象】全学年　【準備物】ワークシート数種，色鉛筆など
【必要時間】35分（低学年の場合）

1 使用するワークシート（資料編 P.137）

【ワークシートの特徴】
・書きたいものの様子を言葉や文章にしようとするときに，オノマトペを用いて伝えようという習慣を身に付けられます。
・友達との感覚の違いに気付けたり，動作の大小に目を向けられたりするようになります。

2 授業の進め方（低学年の場合）

課程	進め方	「選択」と「対話」	時間
(1)教師による説明	①ワークシートを使った一斉指導 ・教師が例としての動作をしてみせ，どんな様子だったかを考えさせる。 ・身の回りにどのようなオノマトペがあるか，また動作をオノマトペで表しその程度や大小に気付かせる。	【教師・友達と選択】 動作に合うオノマトペはどんなものがあるか，自分の感覚を基に選択する。	12分
(2)児童の言語活動	②ワークシートを用いた交流活動 ・線香花火をテーマとして，その様子を考えながら文章に表現させる。	【自分・友達と対話】 オノマトペを使ってより伝わる表現を考える。	15分
(3)教師と一緒に振り返り	③ワークシートを使った振り返り ・表現について考える活動を通して感じたことを基にして今後への意欲を高めていく。	【自分と対話】 今回の活動を振り返りながら，今後どのように活かしていくかを考える。	8分

3 授業の実際

(1)教師による説明（12分）

説明のポイント

ア 「先生はジャンプして，着地しました。」という文章を出発として実際に教師がジャンプしてみせる。「どんな風にジャンプしましたか？」や「着地したときは？」という発問をし，オノマトペに着目させる。

イ 「食べる」という動作を子供たちにやらせながら，動作の程度を変化させる。その活動を通してオノマトペが変わってくることに気付かせる。

授業の実際

T ：今から先生がある動作をするので，どんな感じがするか教えてください。（軽くジャンプして，やさしく着地する。）

C１：「ぴょん」ととびました！

T ：床にはどんなふうに落ちた？

C２：「ストン」かなぁ？

C３：先生は大きいから「ドシン」じゃない？

T ：なるほど！「ぴょん」ととんで，「ドシン」と着地したんだね。じゃあこれならどうかな？（高くジャンプして，激しく着地する。）

C４：さっきと違う！「ぴょん」じゃないなあ。なんだろう，「びよん」かな？

C２：さっきは「ドシン」って言ったけど，こっちの方が「ドシン」って感じがする！

C３：「ドッシーン」じゃない？

T ：どうしてこんなに意見が分かれるんだろうね？

C１：うーん……「ドシン」とか「ストン」は同じことを言っているけどなんだか違うもんな。

C２：「ドッシーン」の方が高いところから落ちた気がします。

T ：そうだよね。このように動作や様子を言い換えた言葉をオノマトペといいます。オノマトペを使うと，どんな様子だったかがよく伝わるようになります。

C１：だから「ドッシーン」と「ストン」は違う感じがしたのか！

T ：他にもオノマトペはたくさんあります。例えば「食べる」です。とってもおなかがすいていたときはどんな風に食べる？

C５：「バクバク」食べる！

C６：「がつがつ」じゃない？

T ：「バクバク」も「がつがつ」もどっちも「もりもり」食べている様子が目に浮かびますね！

C７：「もりもり」もオノマトペだ！

(2) 児童の言語活動（15分）

言語活動のポイント

ア　線香花火の様子を基にした文章作成を行う。自分の気持ちや思いを持たせながら考えさせることで多種多様なオノマトペを生み出させたい。

イ　低学年は絵を描かせるなどして，視覚的に感じられるようにする。（併せて［資料編］PP.139-141のワークシートも使うと効果的である。）

授業の実際

T：ワークシートにある線香花火はどんな様子で燃えているかな？　かっこの中に入るオノマトペや気持ちを考えて，文章をつくってみてください！

（机間指導をしながら声掛けをする。）

T：線香花火はどんな風に燃えた？

C1：「ピチピチ」です！　なんかはじけてる気がして，元気な音だなあと思って書きました。でも落ちたら悲しい気分になったことを思い出したので「ぽろ……」と書きました。

T：悲しい気持ちになったんだね。その後は悲しいままで終わったの？

C1：線香花火をまだしたかったので，これで終わりにならないようにしました！

T：まだあったら，もう一回できるからうれしいね！

T：どんな様子でしたか？

C2：線香花火はちっちゃく燃えている気がしたので「パチパチ」だと思いました。

T：なるほどなあ！　そしてちっちゃくなったら？

C2：「しゅ」と地面に落ちた。

T：悲しい気持ちなんだね。

C2：線香花火は急に終わっちゃうからいつも悲しいです。友達といつも長くしようって競争してるから……。

T：そうなんだね！　だから「しゅ」って消えるような感じにしたんだ！

せんこう花火が，（ピチピチ）ともえました。そして，小さくなって，（ぽろ……）とじめんにおちました。わたしは，「まだしたかったのに。」と，言いました。みんなが，「まだあるから，いいよ。」と，言なえでいいました。そして，わたしは，ちょっと（うれしく）なりました。と思いました。

せんこう花火が，（ぱちぱち）ともえました。そして，小さくなって，（しゅ）とじめんにおちました。わたしは，「もうおわっちゃった。」と，言いました。みんなが，「ざんねんだね。」と，言いました。わたしは，ちょっと（かなしく）なりました。そして，（つぎはながくできそう～）と思いました。

(3) 教師と一緒に振り返り（8分）

まとめ方のポイント

ア　今日の表現活動を通して感じたことを引き出したい。日ごろから意識付けできるよう，交流活動を中心に振り返りをさせる。
イ　振り返りのポイントとしては，「友達との違い」「どんな様子が目に浮かんだか」や，「友達から○○を褒められた」など，観点を示したい。
ウ　最後に，子どもたちの活動の態度を称賛し，今後への意欲を高めたい。

授業の実際

T　：今日はオノマトペを学んだんだけど，どんなことに気が付きましたか。「友達とここが違った」「友達のオノマトペでどんな様子が目に浮かんだか」や，「友達から○○を褒められた」というようなことを教えてください。
C１：線香花火の音が「パチパチ」とか「ピチピチ」とか「ばちばち」とかみんな違っていて面白かったです。
C２：花火が落ちたときの「ぽろ……」は落ちた感じがするけど，「しゅ」っていう感じは消えちゃったなあって感じがするからいいなあって思いました。
C３：「あーあ」って声が聞こえてくる！
T　：声まで聞こえてきた？　すごいね！　入り込んでるね！　オノマトペを使うだけでいろんなことが伝わってくるってことかな？　オノマトペは他のことにも使えないかな？
C４：作文とか？
C５：日記に書きたいな！
T　：そうだね！　毎日書いてる日記にも使ったら書くのが楽しそうだね！

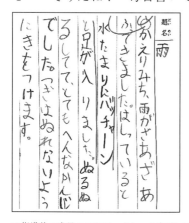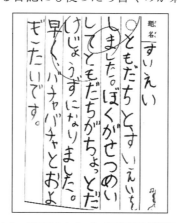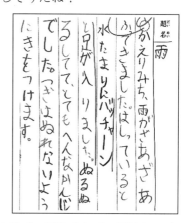

※指導後の成果：このワークシートを用いてから，日記でのオノマトペの使用率が格段に上がった。日記にオノマトペが使われることで，いきいきとした文章になってきていることがわかる。また文の量にも変化が見られた。

生活文指導をどう計画するか
－カリキュラム上の位置付け－

❶ カリキュラム・マネジメントの視点から生活文指導を考える

　現在の国語科教科書には，生活文は位置付けられていません。では，いつ・どこで・どのように，生活文の指導を展開すればよいのでしょうか。

　参考になる視点として，新学習指導要領で重要な視点の一つとして掲げられている，カリキュラム・マネジメントがあります。新学習指導要領の「総則」には，次のように説明されています。

　　各学校においては，児童や学校，地域の実態を適切に把握し，教育の目的や目標の実現に必要な教育の内容等を教科等横断的な視点で組み立てていくこと，教育課程の実施状況を評価してその改善を図っていくこと，教育課程の実施に必要な人的又は物的な体制を確保するとともにその改善を図っていくことなどを通して，教育課程に基づき組織的かつ計画的に各学校の教育活動の質の向上を図っていくこと（以下「カリキュラム・マネジメント」という。）に努めるものとする。

　分かりやすくするために，文節ごとに分けてみましょう。

カリキュラム・マネジメントとは

・児童や学校，地域の実態を適切に把握
・教育の目的や目標の実現に必要な教育の内容等を教科等横断的な視点で<u>組み立てていくこと</u>
・教育課程の実施状況を評価してその<u>改善を図っていくこと</u>
・教育課程の実施に必要な人的又は物的な<u>体制を確保するとともにその改善を図っていくこと</u>

を通して，教育課程に基づき
・組織的かつ計画的に各学校の教育活動の質の向上を図っていくこと

私は，下線部を「三つのせい」としてまとめています。
　すなわち，カリキュラム・マネジメントとは，①編成（……組み立てていくこと）②修正（……改善を図っていくこと）③体制（体制を確保するとともに……）の3点であるということです。
　周知の通り，カリキュラム・マネジメントは管理職だけが行うのではなく，むしろ子供たちと日々向き合っている学級担任こそが持つべき視点でしょう。いつ・どこで・どのようにすれば，「この子供」に応じた学習指導になるのか。大きな視点で教育課程を「編成」し，学習指導をする中で「修正」し，より効率的・効果的になるように「体制」を整えていく。本書で話題にしている生活文も，このカリキュラム・マネジメントの視点から計画していくことが大切です。以下，具体例を交えながら，生活文指導の展開方法について提案していきます。

❷ 生活文指導の計画

(1)国語科の授業内で
①新設単元として―本書のワークシートを順番に使用させる―
　限られた時数の中で，単元を新しく立ち上げることは，現実的な発想ではないように思われます。しかし，生活文を「宿題」として子供たちに提示することがあるのであれば，すなわち学校の教育課程の中で生活文を書くことが位置付けられているのであれば，国語科において新単元をつくることも考えるべきです。理論編で述べたように，「教えない」のに「宿題」とすることには無理があります。そこで，本書に収められた，「着想」〜「推敲」の過程に沿って，使わせてみてください。
　理論編で紹介した「わくわく作文塾」は，合計4時間で実施しています。高学年では，ワークシートを最初から順番に使うことで，原稿用紙3枚程度の作品を完成させることができました。このことは，各学校において，4〜6時間程度の単元の新設が可能であることを示唆しているように思われます。
　時数がない中ではあるものの，「宿題」の前で途方に暮れている子供の姿を考えれば，国語科カリキュラムの「編成」・「修正」について，一考の余地がありそうです。

②各単元の中で―本書のワークシートの中から必要なものを選び，使用させる―
　年間を通じて，継続的に生活文指導を行う方法の一つ，正確には「生活文指導につながる」方法の一つです。
　現在の教科書は，「生活文指導を取り立ててはいないが，生活文を書く上で必要な知識・技能等については，書くことの単元の中で取り上げている」という立場のように思えます。
　なお，確認のために，ここで述べる「取り立て指導」と「取り上げ指導」については，学校

現場における常識的な定義を借り，次のようにまとめておきます。

・生活文の取り立て指導……生活文を単独で取り立てる方法。生活文単元がこれに当たる。
・生活文の取り上げ指導……生活文単元以外に，構成や推敲等の生活文を書くことにつながる知識・技能を取り上げる方法。

前述した①「新設単元として」考えていく方法は，「取り立て指導」です。ここで提案するのは，「取り上げ指導」です。例えば，本書のワークシートを必要に応じて，様々な単元で繰り返し使うことで，知識・技能の習得や活用等を意図した年間カリキュラムの「編成」や「修正」を行っていくのです。（この方法は再現性が高いので，別項を設け具体的に後述します。）

(2)国語科の授業外で
①夏季休業中の作文教室の中で（学校主催）

カリキュラム・マネジメントの「体制」に係る視点からのアイデアです。

「体制」とは，「必要な人的又は物的な体制を確保」するということです。「働き方改革」が叫ばれている昨今，思い切って夏季休業中に作文教室を学校で開催し，親子で作文に取り組んでもらうとよいでしょう。

もちろん教師としては，ワークシートの配付や説明は必要です。しかし，保護者に生活文を書く場に参加してもらうことで，個別のコミュニケーションが促進され，多くのメリットが生まれます。同時に，家庭学習にもつながり，「生活文の書かせ方が分からない。学校で何とかしてほしい。」という相談も少なくなります。

平成29年度の夏季休業中に，鹿児島市立武小学校で開催された「わくわく作文塾」は，以下の手順で開催されました。

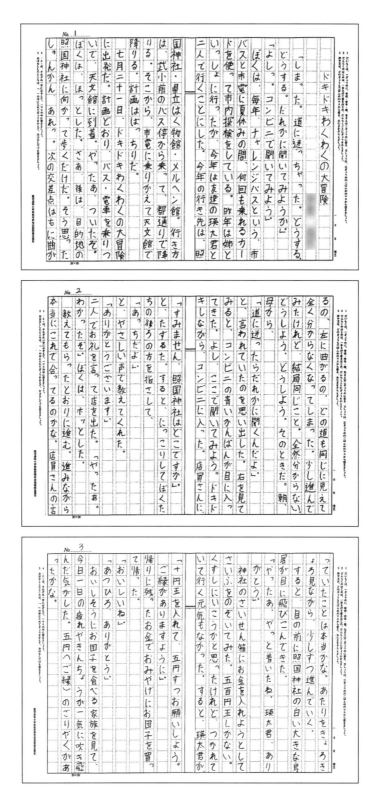

「平成29年度　わくわく作文塾 in 武小学校」を契機として書き上げた作文

a　夏季休業中の「わくわく作文塾」に参加できる児童を募集する。(学年を問わず)
　　　b　事前に,指導のポイントを共有したり,ワークシート等の準備をしたりする。
　　　c　「わくわく作文塾」の実施。(午前中)
　　　d　子供たちを帰宅させた後,指導に当たった教師等が集合し,疑問点や今後の指導上の
　　　　ポイントについて,意見交流を行う。
　この手順からも分かるように,「わくわく作文塾」では,子供たちが「書くこと」を好きになってほしいという願いと,指導者の力を向上させたいという,二つの願いがあります。わずか3時間程度の取り組みなのですが,とても充実した時間になります。

②夏季休業における作文教室の中で(教委主催)
　上記の方法は,学校が主体でした。ここで紹介するのは,教育委員会主催の方法です。
　本誌で何度も紹介する「わくわく作文塾」は,私が鹿児島県日置市教育委員会時代に,市教委主催で開催したものです。市内の小学校の枠を超えて,100名近くの児童と,50名近くの教師が参加してくれました。その評判が広まるにつれて,「希望参加」にも関わらず,市内の小学校の教育課程には,「わくわく作文塾」が位置付けられ,積極的に活用しました。(詳細につきましては,第1章をご覧ください。)

3 生活文指導の実際

(1)国語科内の指導の中で―生活文の取り上げ指導の例―
ア　単元「登場人物の心情を捉え,自分の考えを発表しよう」(光村図書6年『カレーライス』)の指導の中で

○目的及び使用したワークシート
　本単元の目的は,単元名に表されているように,登場人物の心情把握を行った後,自分の感想を書き綴らせることにあります。しかし,授業では作品をよく読み取った子供でも,すぐに文章を綴ることは難しいところです。その原因として,「理解」から「表現」に至るまでに,次のような観点が必要だと考えられるためです。

　　　a　教材文の内容を理解する
　　　b　理解した内容を基に,感想を言語化する(マップ等の活用)
　　　c　言語化した感想を整理する(マップ等の活用等)
　　　d　整理した感想を比較・検討する(友達との対話等)
　　　e　比較・検討した感想を構成する(ワークシートの活用等)

f　構成した内容を文章として書く（「書き出し」・「書き結び」・「比喩等の技法」のワークシートの活用）
　　g　感想文を完成させ，共有する（「推敲」のワークシートの活用）

　今回は，子供たちの実態に応じて「わくわく作文塾」のワークシートの中から，「f　構成した内容を文章として書く（「書き出し」のワークシートの活用）」指導を行うことにしました。なお，授業は，鹿児島市立武小学校・作井由希乃教諭の学級で実践していただきました。

○授業の様子及び子供の作品例
　作井教諭は，今回初めて6年生を担任しました。したがって，4月単元「カレーライスを読んで，感想を書くこと」では，昨年担任した1年生とは違い，スムーズに書けるだろうと考えていたそうです。ところが，クラス全員がスムーズに書けることはなく，やはり何らかの手立てが必要であることを感じられたそうです。そこで，「わくわく作文塾」で使用したことがあるワークシートを思い出し，書き出しの指導を行いました。使用したワークシートは，［資料編］PP.129－130の2枚です。

　以下は，作井教諭の授業後の報告です。

【授業後の報告】

> 　今回は，『カレーライス』の感想文を「書き出し」のワークシートを使用して書かせてみたが，子どもたちがいきいきと取り組んでいた。初めのうちはワークシートを参考にせず書かせてみたが，なかなか鉛筆が進まない子が多かった。そこで，ワークシートを参考に自由に書き出しの仕方を選ばせて書かせた。すると，初めは鉛筆が進まなかった子もすらすらと書き始めた。書き出しでよいスタートを切れたからなのか，その後も鉛筆が止まることなく，チャイムが鳴っても「まだ書きたいです！」と言う子がほとんどだった。
> 　このワークシートを使えば，文を書くのが苦手な子でもすらすらと書くことができた。また，書き出しの仕方が多様で，工夫されているので，今まで堅苦しい文章になっていた子も自由に表現できており，読んでいる人が楽しめる文章になっていた。

○ワークシートの使用前と使用後の変化

ワークシート使用前の感想文〜児童Ａの場合〜

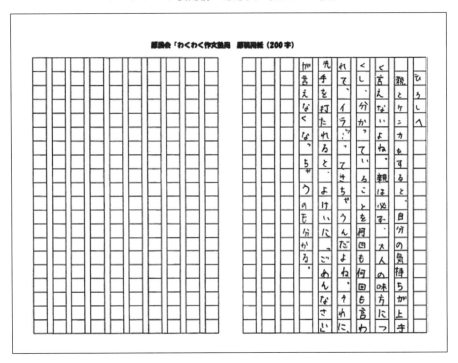

ワークシート使用後の感想文〜児童Ａの場合〜

ワークシート使用前の感想文～児童Bの場合～

ひろしへ
　私が心に残ったところは、「どうだ。学校、最近おもしろいかい」の部分だよ。私は特になにもないときは何ていえばいいかなとか

ワークシート使用後の感想文～児童Bの場合～

共通点
　「どうだ。学校、最近おもしろいかい」とひろしの父と同じように私の母も学校のことをきいてくる。「うーん、何かあったりもっと楽しかったり」と言うよりもっと具体的に考えたりして言う方がいいと思う。運題がない場合、私とひろしの母に心配をかけてしまう。そう考える時間が長くしまうと思い出していたよ。
　そして、似ているのは共通していると思うが、いや、ちがう。ひろしの父と私の母が同じく、文章中に書いてあったことを言われているのは、分かっていたことを言われている。え共感する。でも、父や母が私のことを分かってくれていると思うとうれしい。しかし、分かっていても、父や母が言われているのはいやだ。
　そんな考えはできない。少しムカつく。そこがひろしとの共通しているところである。
　簡単に言うと、ひろしと私の考えは似ている。

イ　単元「話の中心に気を付けて聞き，質問をしたり，感想を言ったりしよう」（光村図書3年上「よい聞き手になろう」）の指導の中で

○目的及び使用したワークシート

　この単元は，聞くことに焦点を当てた単元です。したがって，教科書中では「よい聞き手」になるためのポイントが述べられています。しかし，「聞くこと」と「話すこと」は一体化しています。いくら「よい聞き手」になろうとしても，スピーチ自体があいまいだと，「よい聞き手」を目指すことは難しいでしょう。

　そこで，まずスピーチをしっかりとさせるために，「わくわく作文塾」で使用した「作文ダブルマップ」を使用しました。これにより，5W1Hが明確なスピーチが展開されると考えられるからです。本実践は，鹿児島県薩摩川内市立隈之城小学校・下川恭子教諭の学級で実践していただきました。使用したワークシートは，[資料編] P.124です。

【実践資料】

　　　　　　　　　　　ワークシートの記入例

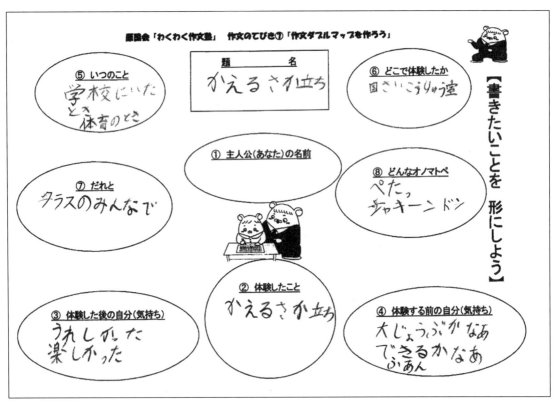

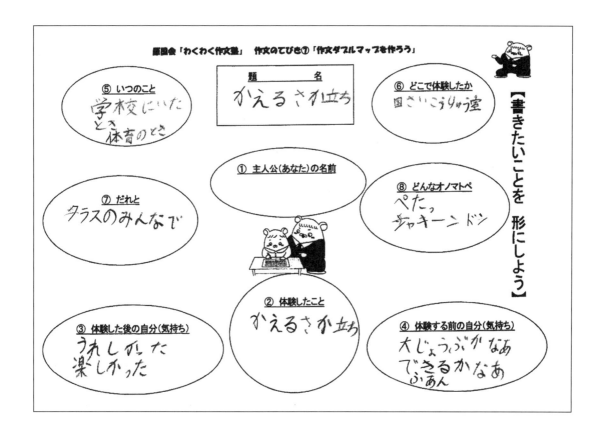

実際のスピーチ

　この前クラスのみんなとカエルさか立ちをしました。やる前は，カエルさか立ちができるか不安に思いました。なぜなら，やったらすぐにバランスがくずれて，おちてしまうからです。
　そして，前よりもほんのちょっと長くカエルさか立ちができました。そのとき「シャキーン」とじまんしたいような気持になりました。そして，「できた」ととても楽しくて，うれしかったです。
　でも，どうしてほんのちょっと長くできたのか，ふしぎでした。次の体育でも長くできるように，がんばりたいです。

【授業後の報告】

　このワークシートを使用することで，子供たちは心情を体験したときだけでなく前後のこともスピーチすることができていました。

> 　日記で心情を書くことのできるNさんは，オノマトペを使用して心情をスピーチするということができていました。日記の表現よりもNさんのカエル逆立ちができて誇らしい気持ちが表現できていたように思います。
> 　このように，このワークシートを使用することで表現する内容は，膨らみます。また，このワークシートをメモとして使用することもできます。手軽に使用できるスピーチ原稿として非常に便利でした。

　新学習指導要領の言語活動例から，「生活文」が削除されました。しかし，現場では「生活文」は，特に，小学校においては各地で息づいてるのではないでしょうか。特に，若い先生方の「いつ，どこで指導すればよいのか」という心の声が聞こえてきそうです。ぜひ，本誌のワークシート等を参考に，いつでも，どこでも，少しずつ生活文につながる指導を積み重ねてください。

（原田義則）

第3章
資料編

「選択」と「対話」で作文が
みるみる書けるワークシート

【今日は どこから はじめますか?】

わくわく作文塾で学んだ作文を書く手順

① 作文のタネをみつける。

② 作文マップを使って、書きたいことをふくらませる。

③ 作文の組み立てを考える。(題名を決める。小見出しをつける。)

④ 書き出しを決める。

⑤ 書き上げる。(会話文、オノマトペを使って書く。「うれしい」「かなしい」を他の言葉で書く。とくにつたえたいことは繰り返す。)

⑥ 見直す。(推敲)

⑦ 清書する。

112

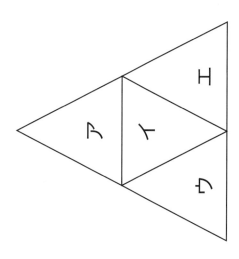

- いつ
- どこで
- だれが
- どんなことを
- なぜ
- どのように

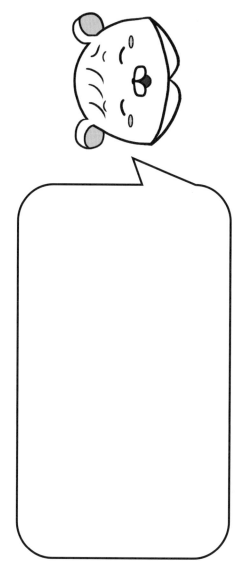

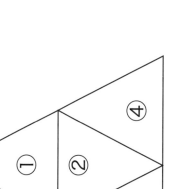

さあ、おしえてあげて！

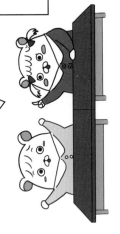

なにが ちがうのかな、あのね、ぜんぶ おしえて あげる。

だれにも いわない。 ひみつだよ…。

だれに、

....
....
....
....
....
....
....

わたしの大切な[　　　　　]を教えます！

大切にしているものの色や形などについて書いてみよう。

じぶんで考える○○○のふしぎ

さいきん、○○○のふしぎが、気になるなぁ。

○学校の中で

○おうちの中で

○世の中の中で

○そのほか〈　　〉で

さん、元気ですか。

家ぞくのこと

友達のこと

学校のこと

〇〇のこと

なかなか会えないあの人へ。
ぼく・わたしのことを知らせよう。

◎ 知らせたいことを一つ選んで、作文のあらすじを書こう。

月 日 ( )

○○さんへ 手紙を書こう

( )さんへ

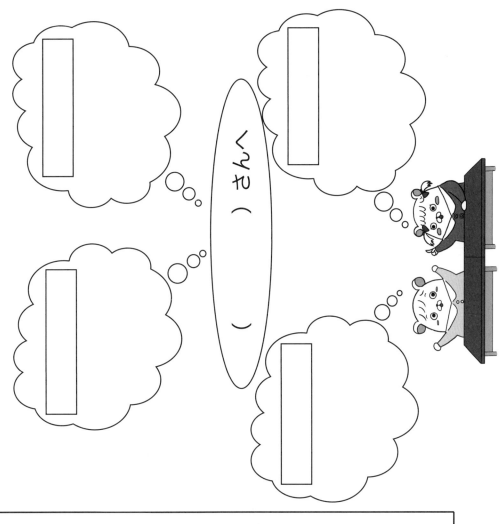

◎「思い出の写真」を見て、今の自分と比べよう。

①思い出の写真を探して、考えたことを書いてみよう。

【思い出の写真】

②今の自分と比べて、考えたことを書いてみよう。

【今の写真】

◎友達のがんばっているところを見つけよう。そして自分もがんばってみたいことを書こう。

①○○ちゃんのすごいところ、がんばっているところを書こう。

【○○ちゃんの似顔絵】

②自分もがんばってみたいことを書こう。

【自分ががんばっている絵】

◎自分や家ぞくの宝物について、友達に紹介しよう。

①どんな宝物がありますか。たくさん、書いてみよう。

自分の宝物は、	です。
（　　　）の宝物は、	です。
（　　　）の宝物は、	です。
（　　　）の宝物は、	です。
（　　　）の宝物は、	です。

②宝物を一つだけ選び、説明しよう。
・なぜ、大切にしているのか。　・どんな思い出があるのか。

【選んだ宝物】	

◎○○さんで、いっしょにしたいことを書こう。

① 思い出の写真を探して、考えたことを書いてみよう。

【いっしょにしている絵】

- なぜ（　　　　　　　　）
- いつ（　　　　　　　　）
- どこで（　　　　　　　　）
- だれと（　　　　　　　　）
- どんなこと（　　　　　　　　）

② いっしょにしたいことをくわしく書こう。

③ 友達に見せて、感想をもらおう。

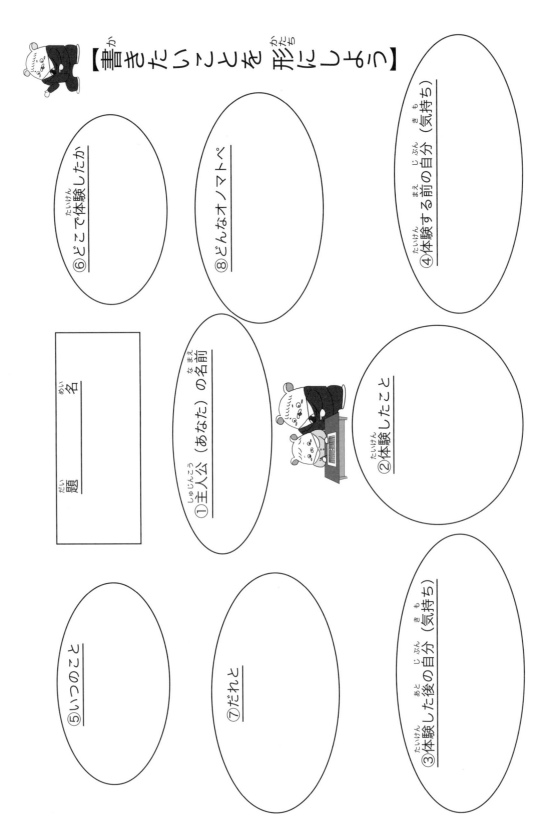

みなさんの好きな物語は何ですか。その物語を大きく分けてみましょう。

例えば、宮沢賢治の「セロ弾きのゴーシュ」を大きく三つに分けてみましょう。

① 主人公のゴーシュは楽団のセロを担当していますが、上手く弾けません。
② 夜練習をしていると、動物たちが訪ねてきて、何度も注文をしてきます。ゴーシュは動物たちを相手に何度も曲を弾き続けていきます。
③ そして、六日後の演奏会でゴーシュは見事な演奏をして、大きな拍手をもらいます。

この三つの場面に小見出しを付けると、①「セロが上手に弾けない」②「動物たちと一緒にセロを練習」③「セロが上手に弾けるようになった」と付けることができます。

そうすると、作文もまず場面ごとに小見出しを書き出し、前に小見出しを付けておき、「セロが上手に弾けない」「動物たちと一緒にセロを練習」「セロが上手に弾けるようになった」の構成を組み立ててから全体を書くと、作文も上手に書けます。

みなさんの好きな物語が「はじめ」「なか」「おわり」や「起・承・転・結」に分けられることに気付くと思います。

ヒントコーナー：好きな物語を思い出して、作文の組み立て方を考えてみると分かりやすい！

① セロが上手に弾けない
↓
② セロを一緒にセロを練習
↓
③ セロが上手に弾けるようになった

作文の組み立て方の例

◇基本的な型

（1）はじめ・なか・おわり
○作品を大きく三つに分けて書きます。
（例）「大きな魚をつったよ」
きのう、ぼくは、海に魚つりに行きました。（はじめ）
すると、とっても大きな魚がつれました。（なか）
今度もまた行きたいです。（おわり）

（2）起・承・転・結
○作品を四つに分けて書きます。「承」と「転」で大きく話が変わります。
（例）「きれいな海にするために」
きのう、ぼくは、海に魚つりに行きました。（起）
すると、とっても大きな魚がつれました。（承）
ところがよく見ると、大きな魚ではありません。運動靴だったのです。ゴミが捨てられて、海が深くよごれていました。（転）
ぼくは、きれいな海はみんなの宝物だと考えます。故郷の海はみんなで大切にしたいと考えています。なぜ、きれいな海はみんなで考えることが大切なことなのでしょう。（結）

◇構成をはっきりさせるためのポイント

（1）「段落」を意識しましょう。
① 「段落」とは、文章のまとまりごと（時間・場所・作品の舞台・内容等）に書かれている文章の区切りを言います。
② 小学生の場合、「段落」は三つか四つが適当です。
③ 各段落の字数は、原稿用紙の一枚（四〇〇字）の面積に分けておきます。

（2）学年に合わせて書き方を工夫しましょう。

	文章の書き方の工夫
高	・時間の順序で書く。 ・色、形、音、味を表す言葉を使って書く。 ・句読点、送り仮名を付けて書き方に気を付けて書く。
中	・詳しくところを書く、簡単にところを区別して書く。 ・たとえの表現を使って書く。
低	・時間の順序を入れ替えて書く。 ・文章にリズム感が出るように、長い文と短い文を意識して書く。 ・情景描写をまとめて書く。

作文に書きたいことを、ふせんに書いて組み立てよう。

- 四色のふせんに書きたいことを、簡単に書こう。
- ふせんを、□の中に貼りながら、作文の組み立てを考えよう。
- できた人は、友達に見せながら、お話ししよう。

題名「　　　　」

【①作文の書き出し＝ピンクのふせん】
○小見出し「　　　　」

（※原こう用紙の0.5枚ぐらいにおさめよう）

【②場面の説明＝黄色のふせん】
○小見出し「　　　　」

（※原こう用紙の0.5枚ぐらいにおさめよう）

題名「　　　　　　」

【③くわしく書きたい場面＝白のふせん】
○小見出し「　　　　　　」

【④作文の終わり＝青色のふせん】
○小見出し「　　　　　　」

(※原こう用紙の 0.5 枚ぐらいにおさめよう)

◎「書き出し」と「書き結び」を選び、作文を書こう。

	書き出し	書き結び
①	●音・会話から書き出す。 きのう、ぼくは、すずきくんとゆきがっせんをしました。 ↓ ☆「やられたぞ。」 「うっ、やられた。」 と、すずきくんとゆきがっせんをしました。	（なし）
②	●そのときのまわりのようすや、あたりのけしきから、書き出す。 きょう、たいふうがきました。ぼくは、こわいなあと思いました。 ↓ ☆そとは、まっくら。かぜがドアをガタガタならします。	●そのときのまわりのようすや、あたりのけしきで結ぶ。 とうとう二十五メートルを泳ぎきることができました。ぼくは、ゴーグルをとって空を見ました。雲ひとつない青い空がどこまでも、どこまでも広がっていました。
③	●したことを、いまやっているように書き出す。 きのう、ぼくは、サッカーをしました。 ↓ ☆ てまえのドリブル、ぼくは、ジャンプをしてよける。そして、たつやくんにラストパスをした。	●したこと（動作）で結ぶ。 「梅ノ木小学校、金賞。」 やった、わたしたちの合唱部が金賞だ。苦しかった夏休みの練習。でも、みんなでつづけてきたという目標を達成した。わたしは、涙を流しながら、みんなのところへ駆け出した。
④	●そのとき、思っていたことや考えていたことから、書き出す。 ☆きのう、わたしは、長なわとびをしました。どきどきしました。 ↓ ☆ ぐるぐるなわがひっかからないかしら。わたしは、まわりはじめた長なわを見て、ドキドキしていました。	●思ったことや考えたことで結ぶ。 賢治さん。あなたの童話は、あなたからの手紙だと感じました。あなたが願いつづけた「やさしさ」を伝える手紙だと思うようになりました。これからも「賢治からの手紙」を読みつづけます。

◎作文の「書き出し」を選び、作文を書こう。

☆ 書き出し方がうまくいくと、あとの文はすらすら書けるものです。また、読む人も書き出しの文がよいと、次の文をはやく読みたくなるものです。
　みなさんも、作文を書くときは、つぎの「てびき」を見て、いろいろな書き出しをしてみましょう。
（低学年は、①～④を中心に。中・高学年は、①～⑨を参考にする。）

①「　　　」をつかって、かぎ文や音から書き出す。

> きのう、ぼくは、すずきくんとゆびきりげんまんをしました。
>
> ⇩
>
> ☆「やくそくだよ。」
> 　「うん、やくそくだ。」
> と、すずきくんとゆびきりをしました。

②そのときまわりのようすや、あたりのけしきから、書き出す。

> きょう、たいふうがきました。ぼくは、こわいなあと思いました。
>
> ⇩
>
> ☆ ゴオーッ。まつりかぜが、ドアをガタガタならします。
> ※目・み・はな・口・手でかんじたことを書いてみよう。

③したことを、いま、やっているように書き出す。

> きのう、ぼくは、サッカーをしました。
>
> ⇩
>
> ☆ ボールをタックル。ぼくは、シュートをしようとする。そして、たてつづけに、ラストパスをした。

④ そのとき、思っていたことや考えていたことから書き出す。

> ☆ きのう、わたしは、長なわをとびました。どきどきしました。
>
> ☆ とべるかなあ。ひっかかったら、どうしよう。わたしは、まわりはじめた長なわを見て、ドキドキしていました。

⑤ 前のことを思い出して書き出す。

> ☆ その日、とても寒かったのを覚えている。はく息は、真っ白になり、風は肌をさすような冷たさだった。

⑥ 一番言いたいこと（主題）から書き出す。

> ☆ ひろや君の優しさに感心した。あれは、昨日の給食時間のことである。

⑦ 説明から書き出す。

> ☆ 母が生まれ育ったのは、鹿児島県の北部にある「出水市」というところである。鹿児島市から電車で約一時間のところにあり、鶴の飛来地として、全国的に有名なところだそうだ。

⑧ ことわざや、たとえ話を使って書き出す。

> ☆ 「ちりも積もれば、山となる」ということわざを、母から聞いたことがあります。

⑨ 呼びかけの形で書き出してみる。

> ☆ みなさん、トイレのスリッパは、きちんと並んでいると思いますか。

※この他にも、書き出し方はたくさんあります。それを見つけるには、自分の好きな本や教科書を見直してみることが大切です。例えば、次の書き出しは、全部宮沢賢治の作品です。同じ作者なのに、いろいろな書き出し方があって、面白いですねぇ。

- そのとき西のぎらぎらのちぢれた雲のあいだから、夕日は赤くなめに光の鎖を投げ、すすきはみんな白い火のように波だって光りました。（鹿踊りのはじまり）
- なめとこ山の熊のことならおもしろい。なめとこ山は大きな山だ。（なめとこ山の熊）
- 「ではみなさんは、そういうふうに川だと言われたり、乳の流れたあとだと言われたりしていたこのぼんやりと白いものがほんとうは何かご承知ですか。」（銀河鉄道の夜）

目指せ！書き出しマスター！
君は、どんな作文が書きたいかな？使った書き出しにはチェックをしよう！
その下におすすめの書き出しがかくされているよ！

生き生きした書き出し

「」をつかって、会話文や音から書き出してみよう。
→もっと知りたい人は①く

したことを今、やっているように書き出してみよう。
→もっと知りたい人は②く

物語のような書き出し

そのとき、思っていたことやかんがえていたことから書き出してみよう。
→もっと知りたい人は③く

そのときのまわりのようすや、あたりのけしきから書き出してみよう。
→もっと知りたい人は④く

自分の考えが伝わる書き出し

前のことを思い出して書き出してみよう。
→もっと知りたい人は⑤く

ことわざや、たとえ話を使って書き出してみよう。
→もっと知りたい人は⑥く

一番言いたいこと（主題）を書き出してみよう。
→もっと知りたい人は⑦く

みんなにも考えてほしい書き出し

説明から書き出してみよう。→もっと知りたい人は⑧く

呼びかけの形で、書き出してみよう。
→もっと知りたい人は⑨く

書き出し	結び
① 「今年の夏休み、富士山に登るぞ」夕食を食べているときだった。	●はじめの会話文や使った言葉で結ぶ 父と富士山に登ったことが大切な思い出だ。
② 背中の方から足音が聞こえる。ぼくは、振り返えしもせずに父のもとへ走り出した。	●したこと（動作）で結ぶ おとうさんが三か月間の出張を終えて帰ってきた。ぼくは、急いで玄関にかけ出した。
③ 絶対に負けたくない。ペンをもつ左手に、思わず力が入った。	●思ったことや考えたことで結ぶ だから、これからも心を込めた手紙を渡し続けたいと思う。
④ （まわりの景色） 雲一つないさわやかな青い空、目の前にある波の音だけ聞こえている。 （まわりの様子） 夜の校庭は静まりかえっている。	●そのときの周りの様子や辺りの景色で結ぶ （まわりの景色） 雲一つない青い空は、どこまでも広がっていた。 （まわりの様子） 夜の校庭は、相変わらずひっそりと静まりかえっている。
⑤ ぼくが将棋を始めたのは、三年前、祖父が将棋ばんに向かっている姿を見たのがきっかけだった。	●前のことを「今、見ているように・今、しているように」結ぶ ぼくは、将棋の駒をひとつかみ、次の一手を指した。
⑥ （たとえ） もしや、わたしがあのとき 「ごめんね」 と言えていたら、よかったのかもしれない。 （ことわざ） 「好きこそものの上手なれ」という言葉がある。だから、毎日の練習を欠かさずに頑張ってきた。	●「たとえ・ことわざ」から学んだことで結ぶ （たとえ） やっと言えた。心の中のもやもやがすっと晴れていく感じがした。 （ことわざ） 「好きこそものの上手なれ。」この言葉はこれからもぼくにたくさんの力を与えてくれるだろう。
⑦ 友達のやさしさに、感心した。あれは、給食時間のことだ。	●一番言いたいこと（主題）で結ぶ 優しさは、すぐに伝わる優しさと、ゆっくり伝わる優しさがあることを知った。
⑧ 母が生まれ育ったのは、○○というところである。○○なところにあり、○○なところだったそうだ。	●説明するように結ぶ 母は、○○で育ったことを幸せに思っている。わたしも、母の生まれた○○を大切にしていきたいと思っている。
⑨ みなさん、トイレのスリッパは、きちんと並んでいると思いますか。	●「呼びかけたこと」を結びに結びつける わたしがスリッパを並べていたことを見ていてくれた人がいました。この係を、これからも頑張っていこうと思います。

●自分の作文に線を引いて、友達と交かんしよう。そして、よいところをほめたり、アドバイスをしたりしよう。

わたしの作文「　　　　　　　　　」のとくちょう	
観点	内容
1　特に読んでほしい人は、	（　　　　　　　　　　）です。
2　特に伝えたいことは、	（　　　　　　　　　　）です。
3　　　　わたしの作文には、次のような記号がつけてあります。	
①　（何も書かない。）	このへんは、すらすら書けました。
②　========	このへんは、よく書けました。
③　×────────	このへんは、よく書けていません。
④　?────────	このへんは、自分の気持ちがぴったりしません。教えてください。

●友達の作文を読んで、感想やアドバイスを書こう。

①　（何も書いていないところ）	
②　========	
③　×────────	
④　?────────	

◎自分の作文をしょうかいする練習をしよう。

> 　　　ディズニーランド　　二年　はらだ　よしの
> 　ぼくは、なつやすみに、ディズニーランドにいきました。
> 　はじめに、ジェットコースターにのりました。とてもこわかったけど、はやかったので、うれしかったです。
> 　下におりると、いちばんたのしみにしていたミッキーがいたので、ぼくは、いっしょにしゃしんをとりたかったので、はしっていったけれど、いっぱいひとがきたので、ミッキーはどこかはしっていきました。
> 　でも、よるのパレードでミッキーをたくさんみました。うれしかったです。
> 　さいごは、花火がありました。たのしかったです。

1　この作文を、声を出して読む。
2　うまく書けたところを、はらだくんから、しょうかいする。
3　うまく書けなかったところを、はらだくんから、しょうかいする。
4　話し合う。（花丸・しつもん・インタビュー・アドバイス）
5　はらだくんに、おしえる。
6　うまく書けなかったところを、書き直す。

◎自分の気持ちとぴったりくる言葉を考えよう。

①「うれしい気持ち」「かなしい気持ち」を他の言葉に言いかえる。

・(例1「むね」を使って)

・むねにせまる ・むねにひびく ・むねがすく
・むねが高なる ・むねがいっぱい ・むねがいたい 等

・(例2「心」を使って)

・心が晴れる ・心が軽くなる ・心がときめく
・心がくもる ・心が重くなる ・心が痛い 等

・(例3「〜い」(形容詞)を使って)

・思い出深い ・印象深い ・快い ・ほほえましい
・もの悲しい ・息苦しい ・いたたまれない 等

②「うれしい気持ち」「かなしい気持ち」を動作で表す。

・とび上がる ・声をはずませる ・にっこり笑う
・うなだれる ・声をつまらせる ・涙を流す 等

③「うれしい気持ち」「かなしい気持ち」を景色で表す。

・見上げると、青く澄んだ空があった。(うれしい)
・空は、どんよりとくもって見えた。(不安な気持ち) 等

◎練習してみよう。

きょう、わたしがかっていたことりのピーコが とおいそらのうえに とんでいってしまいました。わたしは、とってもかなしいです。

①
②
③

◎自分の作文を読んで、自分の気持ちにぴったりくる言葉に言いかえてみよう。

【自分の作文から】
・
・
・
・

【言いかえた言葉】
・
・
・
・

◎「オノマトペ」を使おう。

「オノマトペ」とは、音や様子を「ドーン」「にやにや」のように置きかえた言葉のことです。オノマトペを使うと、作文がいきいきとしてきます。

●練習してみましょう。

原田さんは、花火のことを作文に書きたいと思いました。どんな「オノマトペ」を使うとよいでしょうか。

青い花火が（　　　　　）となりました。しばらくすると、赤い花火が（　　　　　）となりました。わたしは花火にまけないように、
「　　　　　　　」と、大きなこえで言いました。みんなが、
「　　　　　　　」と言いました。わたしは、とてもうれしくなって、
（　　　　　　　　　）と思いました。

137

● 練習してみましょう。

原田さんは、せんこう花火のことを作文に書きたいと思いました。どんな「オノマトペ」を使うとよいでしょうか。

せんこう花火が
（　　　　　　）ともえました。そして、小さくなって
（　　　　　　）とじめんにおちました。わたしは、
「　　　　　　」と、小さなこえでいいました。みんなが
「　　　　　　」と、言いました。わたしは、ちょっと
（　　　　　　）なりました。そして、（　　　　　　　　）と思いました。

● 友達と話してみましょう。

打ち上げ花火やせんこう花火の様子を表すオノマトペをくらべて、考えたことを話し合ってみましょう。

◎「オノマトペ」を使おう。

「オノマトペ」とは、音や様子を「ビュー」「にやにや」のように置きかえた言葉のことです。オノマトペを使うと、作文がいきいきとしてきます。

風の音、[ ]と聞こえたよ。
[ ]と言っているみたい。

風の音、[ ]と聞こえたよ。
[ ]とお話しているみたい。

風の音、[ ]と聞こえたよ。
[ ]と歌っているみたい。

風の音、[ ]と聞こえたよ。
[ ]みたい。

◎「オノマトペ」を使おう。

「オノマトペ」とは、音や様子を「ドーン」「にやにや」のように置きかえた言葉のことです。オノマトペを使うと、作文がいきいきとしてきます。

雨の音、　　　　　　　と聞こえたよ。
　　　　　　　　　　　と言っているみたい。

雨の音、　　　　　　　と聞こえたよ。
　　　　　　　　　　　とお話しているみたい。

雨の音、　　　　　　　と聞こえたよ。
　　　　　　　　　　　と歌っているみたい。

雨の音、　　　　　　　と聞こえたよ。
　　　　　　　　　　　みたい。

◎「オノマトペ」を使おう。

「オノマトペ」とは、音や様子を「ドーン」「にやにや」のように置きかえた言葉のことです。オノマトペを使うと、作文がいきいきとしてきます。

| ※自分で絵をかこう。 | （　　）の音、□と聞こえたよ。
□と言っているみたい。 |

| ※自分で絵をかこう。 | （　　）の音、□と聞こえたよ。
□とお話しているみたい。 |

| ※自分で絵をかこう。 | （　　）の音、□と聞こえたよ。
□と歌っているみたい。 |

| ※自分で絵をかこう。 | （　　）の音、□と聞こえたよ。
□みたい。 |

原稿用紙（200字×2枚）

【執筆者】

原田　義則	鹿児島大学准教授
鬼塚　秀樹	鹿児島市立武小学校
中熊　豊仁	徳之島町立亀津小学校
有働　典也	鹿児島市立星峯西小学校
大川　大輝	いちき串木野市立串木野中学校
川路　剛	鹿児島市立紫原小学校
作井由希乃	鹿児島市立武小学校
下戸　勇介	鹿児島大学教育学部附属小学校
下川　恭子	薩摩川内市立隈之城小学校
中迫　千織	鹿児島市立星峯西小学校
長濱なつみ	鹿児島市立牟礼岡小学校
永吉　大貴	鹿児島市立中山小学校
野里　賢志	鹿児島市立田上小学校
野間なつき	鹿児島市立田上小学校
寺園　麻衣	鹿児島市立田上小学校
原之園翔吾	鹿児島大学教育学部附属小学校
古園　正樹	鹿児島大学教育学部附属小学校

【編著者紹介】

原田　義則（はらだ　よしのり）

鹿児島大学法文教育学域教育学系教育学部学校教育教員養成課程（国語教育）准教授。また，鹿児島大学法文教育学域教育学系教育学研究科学校教育実践高度化専攻（教職大学院）も兼務。鳴門教育大学大学院学校教育研究科言語系（国語）コース修了。鹿児島県公立小学校，公立小学校管理職，市教育委員会指導主事を経て，平成26年4月に現職に着任，現在に至る。日本国語教育学会地区理事，鹿児島県小学校国語研究会顧問，鹿児島国語研究団体原国会顧問等を務めている。

主な研究テーマ：「『対話』を生かした読むこと・書くことの授業づくり」，「9年間を見通した国語科教育の創造」，「読書教育」，「離島教育」，「NIEを取り入れた国語科教育」

【著者紹介】

鹿児島国語教育研究会 原国会

「子供の国語力を育む授業づくり」という"原点"を，学び合う目的で組織された研究会。

毎月の定例会では，原田義則先生の助言を受けつつ，小・中学校の若手教師やベテラン教師，管理職，指導主事など，様々な立場の国語教師が熱く語り合っている。

〔本文イラスト〕

加納　愛梨　志布志市立田之浦小学校・潤ケ野小学校
赤星　郁衣　出水市立米ノ津小学校
土元　春奈　姶良市立松原なぎさ小学校
木村　美穂

小学校国語科授業アシスト

書くことが大好きになる！
「選択」と「対話」のある作文指導

2019年4月初版第1刷刊 ©編著者	原　田　義　則
著　者	鹿児島国語教育研究会 原国会
発行者	藤　原　光　政

発行所　明治図書出版株式会社
　　　　http://www.meijitosho.co.jp
（企画）林　知里（校正）栗飯原淳美
〒114-0023　東京都北区滝野川7-46-1
振替00160-5-151318　電話03(5907)6703
ご注文窓口　電話03(5907)6668

＊検印省略　　組版所　長野印刷商工株式会社

本書の無断コピーは，著作権・出版権にふれます。ご注意ください。
教材部分は学校の授業過程での使用に限り，複製することができます。

Printed in Japan　　　　　　　　　ISBN978-4-18-055634-2
もれなくクーポンがもらえる！読者アンケートはこちらから
→